JN076206

同時通訳の
現場から生まれた

ここまで
使える！

超基本英単語50

鶴田知佳子
河原清志　共著

コスモピア

はじめに

ツル先生、こと、鶴田知佳子

この本が誕生したきっかけは 2002 年の夏。当時、日本通訳学会でご一緒している河原さんとの何気ない会話が発端でした。

鶴田：同時通訳の現場でときどき感じる、「我ながらそうか、わかった！」とか、「前からわかっていたらよかったのに！」と思うような意外な発見を共有できる知恵にしていくことはできないかしら。

河原：だったらメールに書いて僕に送っていただけませんか。みなさんが共有できる知識になるように協力しましょう。

以来、同時通訳の現場で気づいたことや通訳を教えていて気づいたことについて、ふたりの間でほぼ毎日メールのやりとりをしました。それを契機に当時、鶴田が個人的に文章を綴っていたホームページ「鶴田知佳子の通訳日誌」にも書くようになりました。その後も広く、英語に関心があり英語を勉強されているみなさんにお役に立てる形で提供できる方法を話し合いました。その結果、意外な使われ方をしている「超基本単語」で、とても大切なものを集めることにしました。

本書は、よく知っているはずの単語にこういう側面もあったのか、と意外性を楽しんでいただくだけでなく、簡単な単語でも使い方によってはとても豊かな表現を生み出すことを実感していただけることを狙っています。また英米を中心とする英語圏で使われているイディオムやちょっとした文化的な背景知識が得られるように配慮しました。本書は、英語を自由に使いこなせるようになりたい大学生から社会人のみなさんを想定して書かれています。基本語を使いこういうことも言えると私自身の同時通訳の現場や会話の中から広く例を集めました。

言葉の意味は多岐にわたります。辞書はその一部を垣間見るには適していますが、辞書通りの記述にただ頼っていたのでは、言葉の生きた姿はつかめません。辞書は使いこなせてこそ、本領を発揮します。では、どういうふうに言葉の意味を考え、学んでいけばいいのか、河原さんにバトンタッチします。

鬼瓦先生、こと、河原清志

言葉をうまく使って多文化の状況でコミュニケーションをしていくには一体何が大切なのか。日頃、大学や大学院で通訳や翻訳を教える立場から、この問いを自分に発し続けてきました。単にプロの経験値による直観だけではうまくいきません。やはりそこには言語に対する深い洞察と理論が必要だということを、英語を学習している読者のみなさんに投げかけるだけでなく、通訳や翻訳に従事するプロの方々へも問いかけることが本書の趣旨です。

コミュニケーションは端的に言うと、異なる記憶や文化を背負った人間同士の意味のやりとり、調整、そして新たな価値の創造というダイナミックな活動です。異言語間の場合、通訳や翻訳という実践の場で、そのことが最も顕著に現れます。

2005年に初版を出版するに当たり、鶴田さんが同時通訳の現場の実例を守秘義務に違反しない範囲で豊富に集め、それを河原が「認知意味論」という言語理論によって分析をしました。当時集めたデータが一部古くなり、今回の改訂版でアップデートしたものもあります。また、今回の改訂版では、先に基本単語の意味の世界を理論的に説明してから、通訳の実例を考えるという構成に作り替え、わかりやすい工夫をしました。

英語を学習するみなさん、英語をいろいろな場面で実際に使っているみなさんに、基本単語の広がりと奥深さを再発見して、基本単語の面白さを味わっていただけたら嬉しいです。

2021年11月
鶴田知佳子＆河原清志

＊本書は2005年に刊行された『ここまで使える 超基本単語50』を全面的に改訂して刊行されたものです。

CONTENTS

名詞編 93

動詞編 153

副詞編 231

コラム

ミニコラム

Some More Info

本書の構成と使い方

本書の構成は、大きく、「単語のコアの解説」、「単語の解説本文」、「ネットワーク図」、「練習問題」の４つに分かれています。その他、おもしろく知識を増やすコラムが数多くあります。

単語のコアの解説。まず単語のもつ意味のコアの部分を説明して、その単語の意味の広がりと多様性を把握した上で本文を読んでいただくと、本文が理解しやすくなります。(担当:河原清志)

1 いつも「よい」顔をしているとはかぎらない

good

形 名 副 動

good のコア

good は「評価が高い」がコアで、この評価の対象は人・物から行為や考え、状況にまで及び、評価の度合いも「悪くない」から「完璧な」まで語義にかなり幅があります。ここに挙げた事例はこの「評価が高い」というコアをつかんでいれば文脈に応じて自由に訳出することができます。では、少しわかりにくいものを解説しましょう。

Good grief! / Good Lord! / Good boy! / Good for you! は評価が高いものに対する感嘆の表現として使っているわけですし、for good (for good and all) は評価が高いことを強調して「永久に」と固定した表現になったものです。

ケース 1 「よい」のバリエーション

①仲のよい

どんな仕事も、結局は人間関係が上手く行かないと思うようには進まないものです。ひとりではどんな仕事もできません。同時通訳者の仕事はブースに入ってひとりで通訳していればいいように思われがちですが、実は違います。それぞれの現場は一つ一つ違いますが、心構えとしてはこういう気持ちが大事だと思います。

I want to become good friends with everyone.

誰とでも仲よくと言うことだと、まれにみる投打二刀流（two-way player）挑戦中の大谷翔平選手、大リーグの中でも人気者になっています。彼はチームの中でことばの壁があってもいつもかたわらにいる通訳者のおかげもあってか、すでによい人間関係を築いて大活躍です。

さて、この good friends とは？「よい友だち」というふうに直訳したら変でしょう。ここは「親しい」か「仲のよい」が適当でしょうね。

訳：誰とでも**仲よく**仕事ができるようでありたい。

②立派に

大谷選手と言えば、two-way player 二刀流で有名ですが、チームの中でもこのように言われています。

He is good at everything.

チームメートにもファンにも愛される大谷選手、「よくやっている」、「立派に」くらいでいいでしょうね。

訳：彼は何でも**立派に**こなせる。

③善良な

good はもちろん「よい」と訳せることもありますが、そうでないこともあります。「よい」とそのまま訳すことができたり、「よい」という意味を前提に訳語を考えられる事例を見ていきましょう。

Our president is a good person and on good terms with all of the company employees; in fact this relationship is only getting better, which will put pressure on his successor.

訳：我が社の社長はきわめて**善良な**人間で、社員とのあいだで**良好な**関係が築けているのです。さらにこの人間関係はよくなっていますが、問題は後継者が相当にプレッシャーを感じるということでしょう。

そう言えば、大統領選で誰に投票かを問われた有権者が I am voting for Biden because he is a good person.「バイデン氏に投票する、善良な人物だから」と言っていました。副大統領候補として、アジア系、女性、黒人で初となるカマラ・ハリス氏を選んだことも好感をもたれたようです。

ひとこと Good news! と言われかえってギクリとするあまのじゃくの私。Bad news と言われたことが a blessing in disguise「実は朗報」のこともあり。禍福は糾える縄の如し。

It's a good phone call! なら「いいところに電話をかけてくれた」だし、It was a good phone call. なら「電話で話せてよかったよ」って意味にも。

20　21

形容詞 good

本書の中核をなす、ツル先生の同時通訳の経験などを踏まえた語の解説です。やさしい基本的な意味から、拡張した意味、イディオムや慣用表現などへと具体的な例をもとに広げていきます。辞書の例とは異なり、実例を元にしているので、生き生きとおもしろい例が示されています。この解説で楽しみながら広がっていく語の意味を理解し、英語のセンスを磨くことができます。(担当：鶴田知佳子)

●単語の整理をするのが、ネットワーク図と練習問題です。

ネットワーク図

冒頭の単語のコア解説に基づき、本文解説で肉付けした要素を、ネットワーク図でわかりやすく整理します。単語のコアが拡大するイメージを視覚的に捉えることができます。
（担当：河原清志）

＊すべての単語にネットワーク図があるわけではなく、一部、ネットワーク図のない単語もあります。

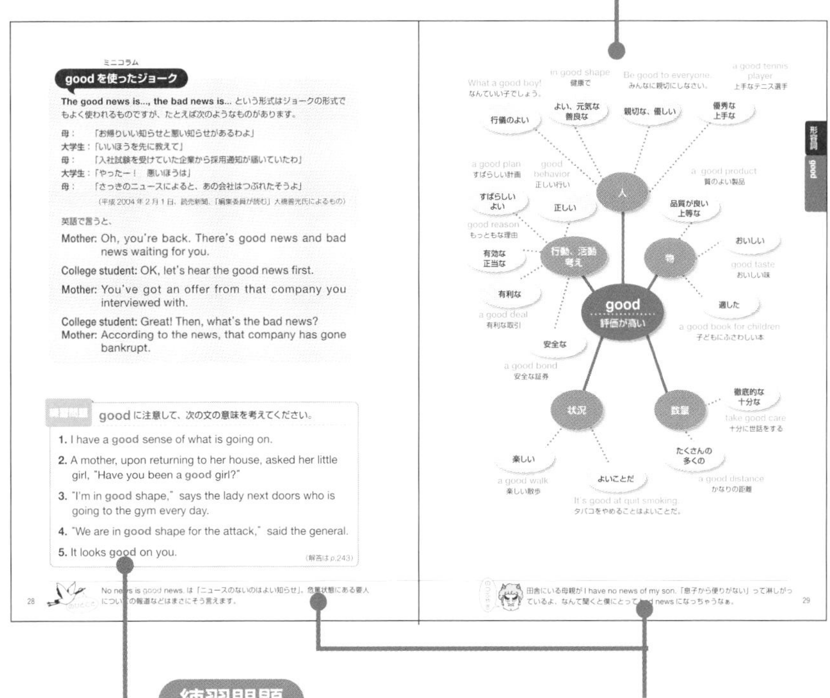

ミニコラム
good を使ったジョーク

The good news is..., the bad news is... という形式はジョークの形式でもよく使われるものですが、たとえば次のようなものがあります。

母：「お帰りいい知らせと悪い知らせがあるわよ」
大学生：「いいほうを先に教えて」
母：「入社試験を受けていた企業から採用通知が届いていたわ」
大学生：「やったー！　悪いほうは」
母：「さっきのニュースによると、あの会社はつぶれたそうよ」
（平成 2004 年 2 月 1 日、読売新聞、「編集委員が読む」大橋善光氏によるもの）

英語で言うと、

Mother: Oh, you're back. There's good news and bad news waiting for you.
College student: OK, let's hear the good news first.
Mother: You've got an offer from that company you interviewed with.
College student: Great! Then, what's the bad news?
Mother: According to the news, that company has gone bankrupt.

練習問題　good に注意して、次の文の意味を考えてください。

1. I have a good sense of what is going on.
2. A mother, upon returning to her house, asked her little girl, "Have you been a good girl?"
3. "I'm in good shape," says the lady next doors who is going to the gym every day.
4. "We are in good shape for the attack," said the general.
5. It looks good on you.

（解答は p.243）

28　No news is good news. は「ニュースのないのはよい知らせ」。危篤状態にある要人についての報道などはまさにそう言えます。

田舎にいる母親が I have no news of my son.「息子から便りがない」って淋しがっているよ。なんて聞くと僕にとって good news になっちゃうなぁ。　29

練習問題

本文の解説を応用して意味が理解できるかどうか、英文を日本語に訳して、力試しをしてみましょう。
（担当：鶴田知佳子）

内容に関連した知識が増えるちょっとお得な、ツル先生のひとことと鬼瓦先生のつぶやき。欄外で楽しめます。（担当：鶴田知佳子、河原清志）

本書の構成と使い方

道路が忙しい？

加藤麻子

形容詞 private

米国在住30年の友人は、完全に日本語が英語に侵食されている。ある日、成田空港から電話をしてきて「道路がものすごく忙しいからたぶん遅れる」という。「えっ？　何が忙しいの？　どういうこと？」2秒後にわかった。The roads are busy. だ！　道路が混んでいるのだ！

すっかりbusyの用法を忘れていた私には新鮮な響きだった。busyには「忙しい、混み合っている、活気がある、使用中の、慌ただしい、ごった返した」など、良い意味から悪い意味まで幅広いニュアンスがある。よく耳にするのがThe line is busy.（電話中です）、busy streets（繁華街）、a busy airport（発着便数の多い空港）、a busy season for farmers（農繁期）、a busy design（ゴテゴテしたデザイン）等。

そういう私もアメリカに長く住んでいた頃、日本の母と電話で話してよく注意されたものだ。「今度は来られるの？」「来る、来る！」「行ける！　でしょ」と、英語はたいして上達していないのに、日本語が英語に影響されていた。I'm coming!

あるとき、車で20分の所に住んでいるアメリカ人の友人が、約束の時間に現れないので電話をすると、I'm on my way.（今向かっているところよ）と言う。あと少しで着くと思って待っていると、やって来たのは1時間後！　心配したと言うと、電話の時点でいまだ家を出ていなかったことが判明！　その後、I'm on my way. は「これから家を出るところ」と言いながらなかなか家を出ない人から、本当に目的地まで後10分の所まで来ている人まで、幅が広いことを学んだ。同じ表現でも使い方は人によって千差万別。だから言葉はおもしろい！

（加藤麻子　ユニバーサル開発株式会社 代表取締役、イングリッシュ アベニュー代表、コロンビア大学経営学修士（MBA）、日本の英語を考える会理事）

He is a private person. え？ プライベートな人？ a public personが「公人」はすぐわかる。じゃa private personは？　人前に出たがらない人、社交的じゃない、孤独な人。　49

コラム

ツル先生を含む在米生活経験が長い、日米5人のかたがたに、語彙と英語の学習に関わるさまざまな観点から、生活体験に根ざしたコラムをお書きいただきました。読んで新鮮な発見があるおもしろいコラムです。

ミニコラム

動詞 get

日英逐次通訳の授業で、先般講演してくださったビジネスパーソンの言葉をとりあげたときのこと。本筋の講演もさることながら、最初にアメリカの大学院に行ったときに、教授がまず、「君たちを億万長者にする」といった言葉が印象的たった、ということだった。

I will make you a billionaire.

しかもその先生が毎週、違ったスーツにネクタイでかっこいい。自分もそうなりたいというあこがれを抱いたのだとか。その後、投資業界で立派な仕事をされるようになったこのビジネスパーソンの方の就職にあたっての考え方は、今大企業を選んだってその会社が20年後、30年後どうなっているか、わからない。一流企業というだけで選ぶのはつまらない。

I think it's best to choose a company where you get to do what you really want to do.

「それよりも自分が本当にやろうと思っている仕事をやらせてくれる会社を選ぶのがいいと思います」

getは「ゲットする」などとカタカナでも使われます。ニュアンスとしてビジネスで使われるときはmakeは「何かに到達する」、get「何かをつかみとる」という感覚だと思います。

「お近づきに一杯いかがですか？」こういうのは訳しづらいですね。Let's get a drink and get acquainted. と言えば通じるでしょう。　175

ミニコラム

その項目で扱った語彙に直接関連した補足情報のコラムです。

映画 *Private Benjamin* の private つて何？

1980年に人気女優のゴールディ・ホーン（Goldie Hawn）が主演した映画。このprivateは「陸軍の二等兵」のこと。いい家柄に生まれ育った女性がどういうわけだか、陸軍に入隊志願してしまい、その挙げ句、見初められた外国の大金持ちと結婚する。しかし、結局、自立するほうが幸せだと気づいて自立の逆を歩むという話。また、*Saving Private Ryan* は「プライベート・ライアン」という日本語題名がつけられて1998年に公開された戦争映画でした。

ちなみに、privateがなぜ、二等兵の意味になったかというと、かつて領主が自分の領地を守るために自分が私的（private）にお金を出して雇った兵隊という意味でprivateと言っていたのがそのまま兵卒という意味になったと言われています。

private secretaryは「私設秘書」。public secretaryは「公設秘書」。公設でも「最高裁判所判事秘書官」はPrivate Secretary to the Chief Justiceという。　47

Some More Info

その項目で扱った事柄に関連して知っておくと役に立つ知識を紹介したプラスアルファのミニ情報コーナーです。

電子版を使うには

電子版無料

本書購読者は
無料でご使用いただけます！
本書がそのままスマホで
読めます。

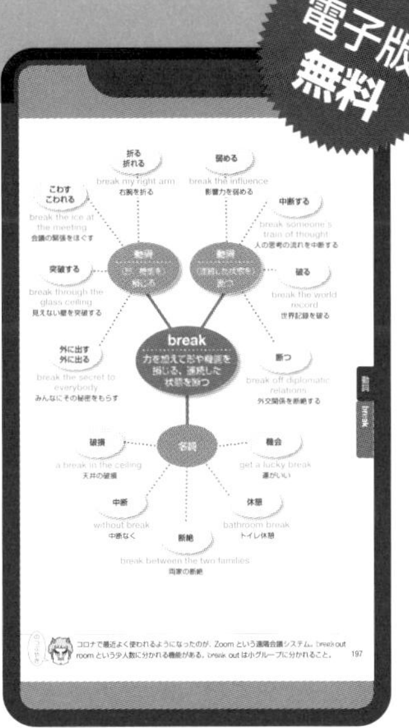

**電子版ダウンロードには
クーポンコードが必要です**

詳しい手順は下記をご覧ください。
右下の QR コードからもアクセスが可能です。

電子版：無料引き換えコード
0021013

ブラウザベース（HTML5 形式）でご利用いただけます。

★クラウドサーカス社 ActiBook電子書籍です。

●対応機種

・PC（Windows/Mac）　・iOS（iPhone/iPad）
・Android（タブレット、スマートフォン）

電子版ご利用の手順

❶コスモピア・オンラインショップにアクセスしてください。（無料ですが、会員登録が必要です）
https://www.cosmopier.net/

❷ログイン後、カテゴリ「電子版」のサブカテゴリ「書籍」をクリックしてください。

❸本書のタイトルをクリックし、「カートに入れる」をクリックしてください。

❹「カートへ進む」→「レジに進む」と進み、「クーポンを変更する」をクリック。

❺「クーポン」欄に本ページにある無料引き換えコードを入力し、「登録する」をクリックしてください。

❻ 0 円になったのを確認して、「注文する」をクリックしてください。

❼ご注文を完了すると、「マイページ」に電子書籍が登録されます。

本書の基本的なコンセプト

同時通訳現場からの着想：ツル先生

この本を手に取ってくださったあなた。あなたが本書に関心を持たれたきっかけのひとつは、同時通訳という専門用語が飛び交っていると思われる現場と超基本単語がなぜ結びつくのか、興味を惹かれたからではないでしょうか。

現場で同時通訳をする際、実はどう訳そうかと考え込むのは難しい単語とは限りません。例として、難しそうに思える経済用語をいくつか挙げてみましょう。

例1：national income / demand / supply / price elasticity

といった言葉であれば、通訳の現場で出てきても「国民所得」、「需要」、「供給」、「価格弾力性」と、一対一の対応関係のある訳語がすでに決まっていますので、予め訳語を記憶しておけばすみます。

例2：In order to understand national income in terms of supply and demand, it is necessary to consider price elasticity as a factor as well.

訳：国民所得を需要と供給の面から理解するためには、価格弾力性も一要因として検討する必要がある。

このように、一見難解な単語は言葉をつなげていけば一応それらしい訳文が得られます。

では、初学者でも知っているはずの中学の英語で真っ先に習うような単語であるgoodやnewはどうでしょうか。このふたつを使って経済についての簡単な文を挙げてみます。

例3：The Japanese economy is in **good** health thanks to the **new** minister.

これを、「日本の経済がよい健康にあるのは、我々の新しい大臣のおかげだ」と訳すと、なんだかぎこちない訳で、変な感じがします。どうしてなのでしょう？　これを深く考えるためにgoodとnewの具体例をさらに見てみましょう。

まずはgoodの例です。

例4：**She is a good cook.**

直訳すれば、「彼女はよい料理人です」となりますが、「よい料理人」というのが奇異な感じがします。またこの日本語訳だとプロの料理人にしかこういう表現は使えない印象を与えてしまいますが、実はそうではありません。本当は下記の意味なのです。

訳：彼女は料理がうまい。

次にnewの例を見てみましょう。バーバラ・ブッシュ大統領夫人がある大学の卒業式の式辞で述べたものです。

例5：**...to begin a new and very personal journey, to search for your own true colors.**

これを直訳すると「新しくてきわめて個人的な旅行を始めるために、自分自身の本当の色を探しなさい」となりますが、これでは意味がピンときません。「新しくてきわめて個人的な旅行」が特にわかりづらいでしょう。「new＝新しい」と固定して記憶しているとうまくいきません。比喩表現を考慮して、

訳：新たにひとりでの旅に出るにあたって、自分の本性（自分の真の姿）を見極めてください。

という訳出をしてみれば、意味がよくわかるでしょう。

もうひとつ、newの例を見てみましょう。

例6：**I would like to thank my new friends here today.**

直訳では「ここで今日、私の新しい友人に感謝したいと思います」となるでしょうが、普通、「新しい友人」とは言わないでしょう。このことを

踏まえて訳し直してみると、

訳：今日ここにいらっしゃる、新たに友人になってくださったばかりの方々に感謝申し上げます。

となるでしょう。このほうがスッキリと意味が了解されます。

ここまで一緒にいくつか例を見てきました。一対一対応で、機械的に辞書に載っている訳語を当てはめれば英文の意味がわかるというものでも、うまく日本語に訳出できるというものでもありません。1語1語の言葉の持つ意味をしっかりと把握して、それぞれの語の全体像を押さえた上で、文脈に照らし合わせながら意味を考えないと、本当に意味がわかったとは言えないことが多いのです。

では改めてさきほどの例3の文はどういう意味かを考えてみましょう。文脈を考慮しながら、ピタッと意味がわかるように、まずご自分で意味を考えてみてください。そして、できればご自分でも訳してみましょう。

では、意味を了解するために、試しに訳してみます。

訳：日本経済が堅調なのは新任の大臣のおかげだ。

というのが一例です。うまく訳が思い浮かんだでしょうか。訳さないまでも、うまく意味が取れたでしょうか。

実はこのgoodとnewは私が通訳のイロハを教える際に最初に取り上げる例です。今一度このgoodを使って、共著者である河原さんを紹介いたしましょう。

例7：**He's got good momentum.**

訳：あいつは今、絶好調。

では、私についてもnewを使った文をひとつ挙げましょう。

例8：**When I meet new people, I always smile.**

訳：初めてお会いする方々には、いつもまず、微笑みかけます。

以上、このふたつの基本単語を使った例から、英語から日本語へと通訳し、話し手が言いたいことを伝えるためには単に単語を辞書に載っている日本語の訳語に置き換えるだけではすまないことがおわかりいただけたでしょう。同時通訳者の仕事とは、話し手の意図を正確に汲み取って、その人らしい口調もあわせて、聞いている人に別の言語で表現して伝え、異文化間のコミュニケーションをお手伝いする仕事です。この仕事をしていると、単語が、それも基本的で簡単な単語ほど状況によって意味がいかに多様に変化していくかを思い知らされます。否が応でも、意味を正確にとらえるためにはその状況に即した意味はどうなのか、を考えさせられます。

本書では、英語の理解と日本語の表現に日々心を砕いている同時通訳者が、現場で捉えた「訳出しづらい超基本単語」を取り上げ、文脈ごとに英単語の意味がどう変化し、変化に合わせてどういう思考を経てより的確な訳出をしようと努力しているかを記しています。

あわせて共著者の河原さんが、どうやったら基本英単語をうまく学習できるのか、認知意味論という理論の立場と英語や通訳を教える・学ぶ立場に立って提案をしています。

読者のみなさんが簡単だと思っていた単語も、実は使い方次第でいろいろな意味に応用できるのだ、とますます英語に興味を持っていただけたらこんなにうれしいことはありません。実は知っている基本英単語でずいぶん自分の言いたいことが言えるのです。この本をきっかけにみなさんが英語の世界を広げてくださることを願っています。

認知意味論からの着想：鬼瓦先生

言葉の意味を学習するという観点から、鶴田さんが取り上げてくださった事例を検討してみましょう。

例１・例２で取り上げられているのは専門性が高く、意味がひとつに特定される、単義の言葉です。もちろん、supply と demand は他にも意味がありますが、経済用語としては、意味はひとつです。これらは文脈がいかなるものであれ、意味は一定してひとつです。ですから、その専門性のある文脈の中で定義づけをしっかりしながらいったん覚えてしまえば、間違えることはありません。

ところが例３のように、基本と思われる大変なじみのある語を使った文はどうでしょう。改めて意味を正確に取ろうとすると、意外に頭を抱えてしまいます。「good ＝よい」「new ＝新しい」という暗記ではうまく対処できません。good を例４では「うまい」、例７では「絶好」と訳していますし、new を例５では「新たに……する」、例６では「新たに……した」、例８では「初めて……する」と訳しています。多様に訳せるということは、そのような多様な意味を担っているということが言えます。ここでは動詞 run を採り上げて、この点について深く見ていきましょう。

run の訳語ないし語義をピックアップしてみると、「走る、逃げる、立候補する、出る、伸びる、動かす、伝線する、展開する、転落する、興行する、運行する、動く」、そして名詞だと「競走、得点、運行、一走り、操業、連続」など、きりがないぐらいです。

では、英語を学習する人はこれら雑多で一見関連のない語義をひとつひとつ暗記するのでしょうか。そして通訳の現場でもこういう語義をあらかじめできるだけたくさん暗記しておいて対処しているのでしょうか。答えは明確に、NO です。人間には関連性のないものをバラバラな知識として丸暗記することは至難の業です。

では、言葉の意味は一体どんな仕組みになっているのでしょう？私たちはある言葉を日常生活で経験することで、頭の中にその語の意味を獲得します。そして、様々な文脈や状況の中で、同じ語の様々な使い方や意味を経験することを通じて、それらに共通した意味を獲得します。これを専門的には「コア」と名づけています。この抽象的な意味＝「コア」を頂点として、具体的な文脈の中で様々な意味が現れてくるのが、語の意味世界です。この「コア」は、ネイティブつまり母語話者（ここでは英語）であれば、母語習得の過程で直観のようなものとして身につくのですが、外国語学習者にとっては、もともと使っている母語（みなさんの場合は日本語）の干渉があるために、意識的にコアを学習し、身体化していく必要があるのです。

では、イメージを持っていただくために図で示しましょう。

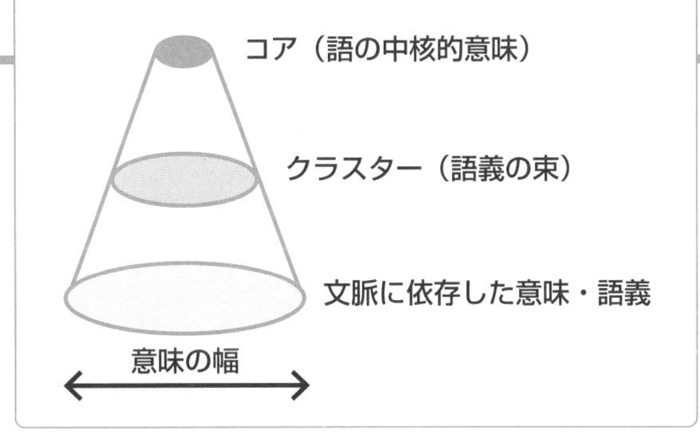

頭の中で抽象的に獲得した「コア」を頂点に、具体的な文脈の中で使われる様々な意味が三角錐の底辺に展開しています。ちょうどこんな形でイメージするとよくおわかりいただけるでしょう。

再び run を取り上げます。『E ゲイト英和辞典』（ベネッセ）によると、run のコアは「ある方向に、連続して、（すばやくなめらかに）動く」です。では、様々な具体的な意味をコアとの関連性をもたせながら見てみましょう。

【run の意味世界】

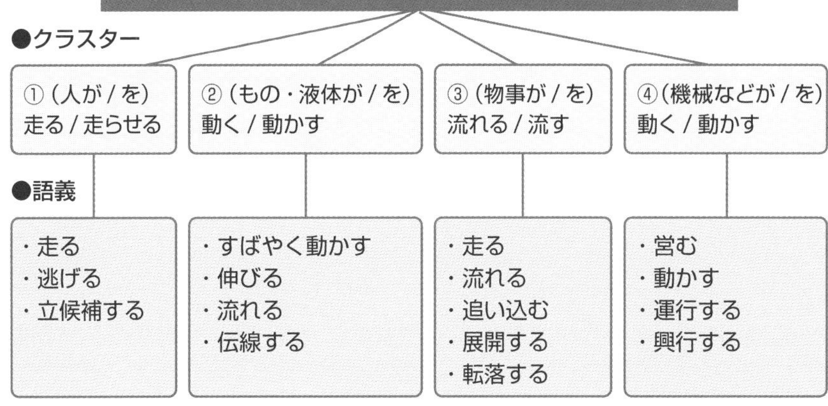

●用例

①【（人が / を）走る / 走らせる】**run before the wind** 順風を受けて走る ／ **run away in all directions** クモの子を散らすように逃げる ／ **run for governor** 知事に立候補する

②【（もの・液体が / を）動く / 動かす】**The tap is running.** 水道が出ている。／ **This road runs up to the right.** この道路は右手にのびている。／ **run**

the pointer on the screen 画面上でポインターを動かす／**Morning glories run upward.** あさがおが上にのびる。
ほころぶ、伝線する：**My stockings ran again.** ストッキングがまた伝線した。
③【(物事が / を) 流れる / 流す】**Shudder ran through the body.** 震えが体中を走った。／**His story ran as follows.** 彼の話は次のような展開だった。／**run a deficit** 赤字に転落する
④【(機械などが / を) 動く / 動かす】／**run a circus** サーカスを興行する／**run on solar energy** 太陽エネルギーで動く／**run every 15 minutes** 15分間隔で運行する

これで run の意味世界の全体像がうまくつかめるでしょう。では、この「コア」を応用してみます。

My nose is running.

さてどんな意味でしょう？

鼻が走るでは、オカシイですね。でも「コア」から考えると、ツーッと下に流れるイメージがわくと思います。答えは、「鼻が垂れている」です。このように「コア」をつかんでおくと、多様な文脈の中で的確に意味が了解できます。また、例４・例７の good や例５・例６・例８の new の意味も good や new の「コア」から考えれば、たちどころに理解できるでしょう。

本来、「コア」は動作動詞と前置詞について慶應義塾大学の田中茂範名誉教授が提唱されたもので、他の品詞ではやや議論を異にする面も多少ありますが、ほぼこの考え方に沿って一律「コア」という説明で一貫させています。そして、50 語どれをとっても「コア」の記述を付し、また大半の語には語義のネットワーク図で語の意味世界が一目瞭然でわかる工夫をしています。

本書は「同時通訳」という英語を使う最前線の現場と、「コア」という認知意味論の最前線の理論とを結びつけた、斬新で画期的なアイデアが盛り込まれていると同時に、英語学習・言語習得の本格的なあり方を世に問うものであることも、おわかりいただけたと思います。

では、本書を通じて、超基本英単語の意味世界を探求し、言葉の意味の持つ多様性の世界を楽しみながら英語を勉強していってください。

＊参考文献は *p.*243 に紹介しています。ご参照ください。

形容詞編

good bad new public
private big little&smal
high&low long&short safe
young sweet lovely
free

1 いつも「よい」顔をしているとはかぎらない

good

形 名 動 副

good のコア

good は「評価が高い」がコアで、この評価の対象は人・物から行為や考え、状況にまで及び、評価の度合いも「悪くない」から「完璧な」まで語義にかなり幅があります。ここに挙げた事例はこの「評価が高い」というコアをつかんでいれば文脈に応じて自由に訳出することができます。では、少しわかりにくいものを解説しましょう。

Good grief! / Good Lord! / Good boy! / Good for you! は評価が高いものに対する感嘆の表現として使っているわけですし、for good（for good and all）は評価が高いことを強調して「永久に」と固定した表現になったものです。

ケース 1 「よい」のバリエーション

① 仲のよい

どんな仕事も、結局は人間関係が上手くいかないと、思うようには進まないものです。ひとりではどんな仕事もできません。同時通訳者の仕事はブースに入ってひとりで通訳していればいいように思われがちですが、実は違います。それぞれの現場は一つひとつ違いますが、心構えとしてはこういう気持ちが大事だと思います。

I want to become good friends with everyone.

誰とでも仲よくと言うことだと、まれにみる投打二刀流（two-way

player）挑戦中の大谷翔平選手、大リーグの中でも人気者になっています。彼はチームの中でことばの壁があってもいつもかたわらにいる通訳者のおかげもあってか、すでによい人間関係を築いて大活躍です。

さて、この good friends とは？「よい友だち」というふうに直訳したら変でしょう。ここは「親しい」か「仲のよい」が適当でしょうね。

訳：誰とでも**仲よく**仕事ができるようでありたい。

② 立派に

大谷選手と言えば、two-way player「二刀流」として有名ですが、チームの中でもこのように言われています。

He is good at everything.

チームメートにもファンにも愛される大谷選手、「よくやっている」、「立派に」くらいでいいでしょうね。

訳：彼は何でも**立派に**こなせる。

③ 善良な

good はもちろん「よい」と訳せることもありますが、そうでないこともあります。「よい」とそのまま訳すことができたり、「よい」という意味を前提に訳語を考えられる事例を見ていきましょう。

Our president is a good person and is on good terms with all of the company employees; in fact, this relationship is only getting better, which will put pressure on his successor.

訳：我が社の社長はきわめて**善良な**人間で、社員とのあいだで**良好な**関係が築けているのです。さらにこの人間関係は**よくなって**いますが、問題は後継者が相当にプレッシャーを感じるということでしょう。

そう言えば、大統領選で誰に投票かを問われた有権者が I am voting for Biden because he is a good person.「バイデン氏に投票する、善良なる人物だから」と言っていました。副大統領候補として、アジア系、女性、黒人で初となるカマラ・ハリス氏を選んだことも好感をもたれたようです。

④ 朗報、良好、よくなる

goodのもつ「よい」という意味は、場合によって「朗報」「良好」「よくなる」などと訳せます。それは名詞との関係で決まります。

The "back to school" sale is off to a good start.

訳：新学期の学用品セールは、**幸先のよい**スタートを切りました。

東京で新しい出発をする人に、次のような励ましの言葉を贈るというのもあり得ます。

Tokyo is a good place to find success.

訳：東京は成功をおさめるには、**ぴったりの**場所。

さらに言えば、a great place to find successでしょうか。

私が物理的に通訳者としての第一歩の勉強をした場所が、今は紀尾井町カンファレンスホールの前に立つクラシックハウスです。この建物にかつてあった通訳学校で私の最初の学びは始まりました。みなさんにもこういう記憶はあることでしょう。

This place brings back good memories.

このgood memoriesは、なんと訳したらいいのでしょうか？
この場所は「よい記憶」として残っている。よい、という訳で大丈夫ですね。大学2年生のときに、大学の近くにあったこの通訳学校で勉強し卒業後すぐには通訳の仕事につかずでした。最近、紀尾井町カンファレンスホールでの仕事があり、右に夜空に浮かぶ東京タワーを眺め、遙か遠くにきたものだという感慨にふけりました。

訳：いまでもこの場所は**よい**記憶として残っている。

⑤ 腕のよい

次は、たった2瓶だったとはいえ、ある大手メーカーのベビーフードの瓶から猛毒のリシンが検出された事件で、容疑をかけられた男性についての記事です。結局、あとでこの人は無実とわかりましたが、次のように言われていました。

a place in good memoryの建物は、a very good looking buildingでもありました。夜空を背景にたつクラシックハウスの何と美しいこと。

A man wanted for questioning in the California baby food scare says he needs a **good** lawyer.

この場合、「いい弁護士」と言えなくもないと思いますが、これはどうなるでしょうか？

訳：カリフォルニアのベビーフード毒物混入事件の関連で、警察で事情聴取を受けることになっている男性は、**腕のいい**弁護士が必要だと言っています。

「この男性にとってよい弁護士」というのは、すなわち自分をこの窮地から救ってくれる人ですね。それを考えれば、ここは「腕のいい」か、「辣腕」とか「有能な」という訳語が適切でしょう。

⑥ 優れた

次は故ロナルド・レーガン元大統領について言われた言葉です。亡くなったあとの１週間は、まるまるこの人のための追悼週間だったような感があります。

He was not only an optimist and a **good** person, but he also had ideas. He ran for office not because he wanted to be President, but because he wanted to make a difference.

good person を単に「よい」とするのでは物足りないですね。こんな訳ではどうでしょうか？

訳：楽観主義者で人間として**優れて**いただけでなく、数々の考えをもった人でした。政界に立候補したのは大統領になりたかったからではなく、何か違いをもたらしたいと思ったからです。

ついでながら、同じ時期にマスコミで盛んに Ronald Reagan was a great communicator.（レーガン元大統領は対話の名手でした）と言われていました。great communicator をどう訳そうか迷ったとき、最後の奥の手、「グレート・コミュニケーター」とカタカナで言ったりもしました。でもあとで考えると、これはやっぱり「コミュニケーションをとるのが上手だった」としたほうがいいと思います。

この good person は簡単なようでいて、一筋縄ではいかない。「よい人

のつぶやき

Our company is having trouble finding good people. は「優秀な人材」を見つけるのに苦労しているの意。善良な人々はさらに見つけにくいかも ?!

間」、あるいは「善良な人間」というのが、必ずしもぴったりこないからです。

「善良な人間」というのは意味が通じなくはないけれど、一国の大統領で偉大であったとされた人の形容詞としてはどうでしょう。ここも「評価が高い」というところから、「人間として優れていた」としたらいいのではないかな、と思います。

⑦ good の訳し分け

テレビで聞いた表現なのですが、一文に good が 3 回出てきます。

There will always be good jobs for good candidates with good qualifications.

これは全部同じ訳語で統一しないほうがよさそうです。このように同じ言葉が出てきたときでも、むしろ文脈上ふさわしい内容になるように日本語を変化させるほうがいいと思います。

訳：**立派な**資格をもった**優秀な**候補者には常に**ふさわしい**仕事があります。

ケース 2 感嘆・よびかけの good

スヌーピーのマンガに出てくるチャーリー・ブラウンがよくこう言います。

Good grief!

これは「よい」の意味ではありません。「**何てこった**」などという、驚いたときの表現です。同じような言い方に、

Good Lord!

もありますが、Good grief! と同様、「**おやまあ**」という驚いたときの表現です。

これとはまた違って、たとえば、飼っている犬がちゃんと「お手」ができたときに、

テロとの戦いに対して決意を述べたときのブッシュ大統領 with good allies at our side「よき同盟国とともに」と単独行動ではないことを強調していました。

Good boy!

と言って、褒めたりします。チャーリー・ブラウンもスヌーピーがいいことをしたら「**よくできたね**」というふうに褒めるんじゃないでしょうか。

同じく褒め言葉で、

Good for you!

というのもあるけれど、これは「あんたにしてはよくやったね」、あるいは「あんたのためにいいこと」ではなくて、「**すごいね**」くらいの意味です。

英語では、こういう慣用句を覚えるのが大変です。だから、こう言われて、「えー、僕の実力ってそんなに低い評価だったの」と気を悪くすることがないように。褒められているのですから。

形容詞 good

ケース 3 good を使った慣用表現

① good value

お店がセールをしているときの広告で、

good value for the money

と謳っていることがあります。この good value は「お買い得」という意味です。しかし、次のような場合もあるので区別しましょう。**good value for the money** は「**値段のわりに、いいものです**」、つまりコスパがよいということです。

② good time

Some see now as a great buying opportunity, a time investors will look back on and wish they'd taken advantage of. Is now a good time to buy stocks?

このIs now a **good time** to buy stocks? の部分は、「株を買う潮時でしょうか？」と「**潮時**」という訳語をあてるとピッタリくるでしょう。

訳：今が絶好の買い時と見る人もいます。投資家だったら、あのとき買っていれば

日本はアメリカにとって good ally なんだろうが、単に都合が「いい」同盟国、って感じかも?! まぁ、お互いに都合がいいわけだが。

なあ、と思うようなときです。今は株の**買い時**ですか？

③ for good

近所に住んでいるアメリカ人が、

I am leaving for good.

と言いましたが、「よいことをするために」という意味で言ったのではないようです。for good というのは「もうこの先ずっと」くらいの意味。だから、「(日本を後にして) もう**国に帰る**」ということです。

④ make good on

make good on your promise

と言われましたが、「よいあなたの約束」ではおかしいです。これは「**約束を守ってね**」ということ。

ほかにも似たような言い方があります。

Make good on your campaign promise.

訳：選挙公約を**守って**ください。

大統領をはじめとして、いったん選挙で当選して政治家になってしまうや、公約で掲げていたことがなかなか守れなくなるのが、洋の東西を問わず普通のことになっていますから。

ケース 4 いろいろな good

① good for life

手元にある証明書を眺めていたら、こう書いてありました。

good for life

この good は有効期限を示す言葉にもなります。「(その証明書は) **生き**

「アンネの日記」最後の文の一節 "People are truly good at heart."「結局のところ人間の本性は善意だと思うわ」。深みを感じさせる一節です。

ている限り使うことができる」ということです。

② not good enough

テレビでブッシュ大統領の一般教書演説に対する民主党の反論を聞いていたときのこと、同時通訳で、

That's not good enough.

の部分が「**それではとても足りないのです**」となっていました。「十分によくない」ではどうしていけないのか？　つまり「十分いいわけじゃない」は、「足りない」ということになります。民主党のほうの反論というのは、要するに大統領のやっていることにけちをつけるのが目的だから、「大統領が考えている失業対策では到底雇用を生み出すのに足らない」ってアピールしたかったのです。

③ It's too good to...

この前ニュースを見ていてびっくりだったのは、イギリスの宝くじでなんと、アイルランドに住むふつうのおばあちゃんが日本円で 60 億円もの宝くじを当てたということです。

It's too good to be true.

これは彼女のそのときの言葉なのですが、「本当であるには話がうますぎる」と言えなくもありませんが、「**とても信じられない**」というのが妥当な訳でしょう。

のつぶやき
good at heartねぇ。鬼瓦はhave a sharp tongue.（毒舌家）であるとよく言われるが、実は good at heart「心根は優しい」のだぞ ?!

ミニコラム

good を使ったジョーク

The good news is..., the bad news is... という形式はジョークの形式でもよく使われるものですが、たとえば次のようなものがあります。

母：　「お帰りいい知らせと悪い知らせがあるわよ」
大学生：「いいほうを先に教えて」
母：　「入社試験を受けていた企業から採用通知が届いていたわ」
大学生：「やったー！　悪いほうは」
母：　「さっきのニュースによると、あの会社はつぶれたそうよ」

（平成 2004 年 2 月 1 日、読売新聞、「編集委員が読む」大橋善光氏によるもの）

英語で言うと、

Mother: Oh, you're back. There's good news and bad news waiting for you.

College student: OK, let's hear the good news first.

Mother: You've got an offer from that company you interviewed with.

College student: Great! Then, what's the bad news?
Mother: According to the news, that company has gone bankrupt.

練習問題　**good** に注意して、次の文の意味を考えてください。

1. I have a **good** sense of what is going on.

2. A mother, upon returning to her house, asked her little girl,"Have you been a **good** girl?"

3. I'm in **good** shape because I go to the gym every day.

4. "We are in **good** shape for the attack," said the general.

5. It looks **good** on you.

（解答は *p*.246）

No news is good news. は「ニュースのないのはよい知らせ」。危篤状態にある要人についての報道などはまさにそう言えます。

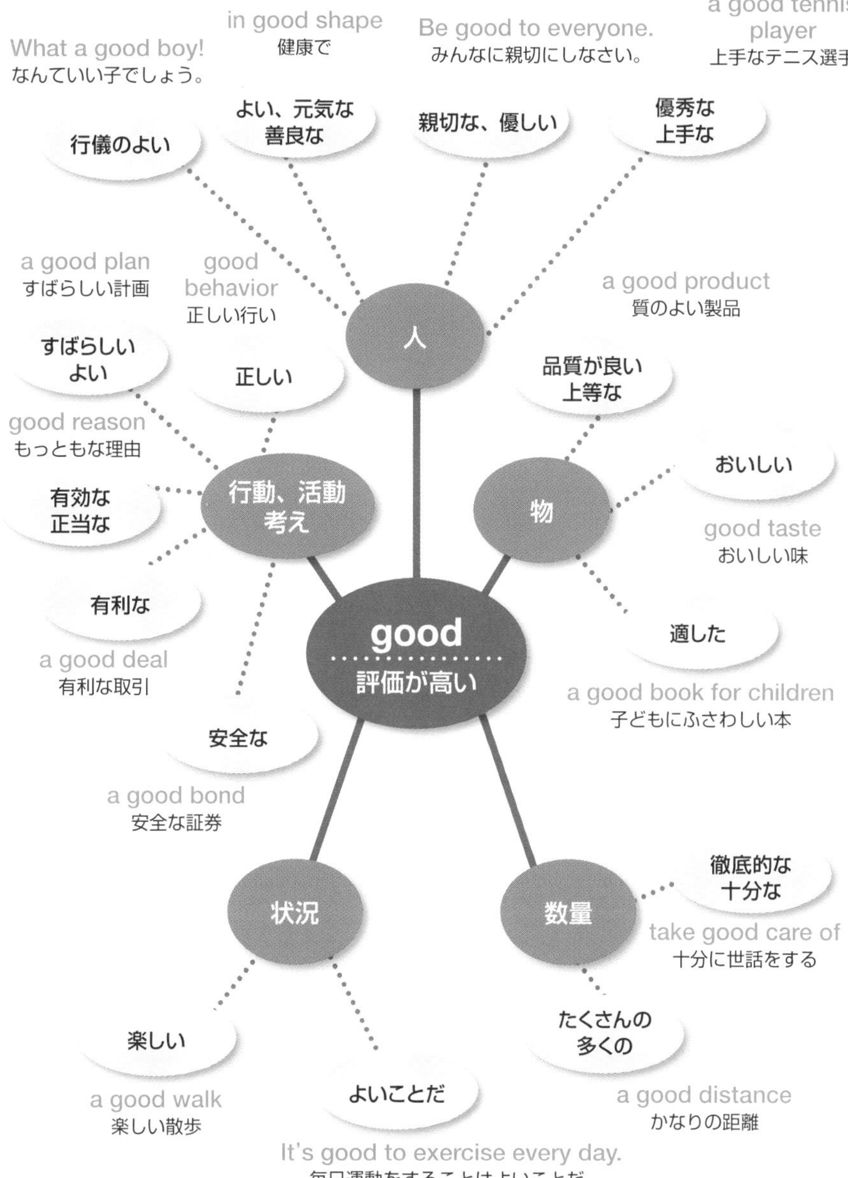

のつぶやき
田舎にいる母親がI have no news from my son.「息子から便りがない」って淋しがっているよ、なんて聞くと僕にとってbad newsになっちゃうなぁ。

2 「散々」な日で「がっかり」したよ

bad

形 名 動 副

bad のコア

bad のコアは「物事（の状態）が好ましくない」です。そこから、以下の意味が出てきます。

①「物の状態が好ましくない」→「悪い」「腐った」
②「体によくない」→「有害な」「不快な」
③「事・行為などが好ましくない」→「下手な」「（道徳的に）悪い」「間違った」「好ましくない」「ひどい」

bad driving であれば、運転という行為の態様が好ましくないので、「無謀運転」ですし、bad days も 1 日にあった出来事が好ましくなかったことを、その日を回想して言っている文脈なので「散々な日々」と訳せます。「ひどい日」「うんざりな日」など、bad のコアをしっかり押さえておけば、状況に応じていかようにも訳せます。

ケース 1 物事の状態がよくない

① ひどい、散々な

次は、アフガニスタンについてのニュースです。

We had bad days today and yesterday in Afghanistan.

2021 年、バイデン大統領はトランプ大統領の決定を引き継ぎ、撤退を決めましたが、今でもアフガニスタンでは部族間の対立が続き、安定にはほど遠い状況です。この英文の訳を「今日も昨日もアフガニスタンでは悪い日だった」だとすると少し変です。

That was caused by a few bad apples. は、ニュースで出てきた表現。腐ったリンゴとは内部に悪影響を与える人。他のリンゴも腐らせるから。

訳：今日も昨日もアフガニスタンは**散々な**日でした。

② 悪化した

今度はイギリスです。

Why is the COVID-19 situation in the UK so bad now?

COVID は Coronavirus Disease の略で，2019 年に発生した新型コロナウイルスのことですが、イギリスの新型コロナウイルス感染症の状況、「悪い状態」でいいでしょうか。

インドからの the Delta variant と言われるデルタ株が置き換わっている割合が高いためとも言われています。「悪化した」ということですね。

訳：イギリスの新型コロナ感染状況はなぜこれほど**悪化して**いるのか。

ケース 2 誤った

2021 年 6 月末に起きたフロリダでのマンション崩落について報道がありました。

The condominium collapse in Florida could have been caused by a confluence of bad decisions.

ちなみに日本のニュースではマンション崩落と言っていますが、英語の場合、マンションでは大豪邸になってしまいます。これは condominium です。さて bad decisions を「悪い決定」と訳すのではしっくりきません。

この場合、判断が悪いということなので、「誤った」決定の積み重ねぐらいの訳がいいでしょう。

訳：フロリダのマンション崩落の原因は**誤った**判断の積み重ねとも見られています。

ケース 3 機嫌が悪い

2021 年、大リーグで大活躍の大谷選手、何も問題はないかのようですが、ときにはこういう報道もあります。

There are bad apples in every basket. どんな集団にも悪い人はいるものだ。bad apple は「ガン」「人間のくず」なんて訳してもいいかも。

Shohei Ohtani must have been in a bad mood today.

ここのbadで、とっさに思い浮かぶのは「よくない」ですが、よくない気分ではうまい訳とはいえません。そこで、こんな訳が思いつきました。

訳：大谷選手は、今日はご機嫌**斜め**だったにちがいない。

あるいは、

訳：大谷選手は機嫌が**悪かった**にちがいない。

あるいは「虫の居所が悪い」などという慣用表現に置き換えられるかもしれません。野球少年が大きくなったようとも評される大谷選手、試合出場がない日が続くとご機嫌斜めだと報じられています。

ケース 4 いろいろな訳し分けが可能な bad

あるパーティに行けなかったときに、招待者のお姉さんからこう言われました。Too bad =「悪すぎる」では意味をなしません。どう訳すか？

Too bad you couldn't come yesterday.

「とっても**残念**だったわね」ということです。「あまりに悪い」というふうに直訳したら、どういうことか全然わからないですね。

もし、次のように言われたら、

Don't feel so bad about it.

「そんなに**がっかり**しなくたっていいわよ」ということになり、またパーティに呼んでくれるかもしれません。

そうかと思ったら、このお姉さんが昨日、こう言っていました。

I felt terrible with a bad headache.

「悪い頭痛」ではありません。「ひどい頭痛がして気分が悪い」ということです。

訳：頭痛が**ひどくて**気分が悪かった。

before the food gets bad と言ったら、「食べ物が腐る前に」ということね。It tastes bad. は「まずい」ですが、それとは違うので間違えないでね。

そういえば、日ごろは元気な私ですが、今年の１月はこうでした。

I was down with a bad case of the flu last winter.

訳：この前の冬は悪性のインフルエンザにやられてダウンしていました。

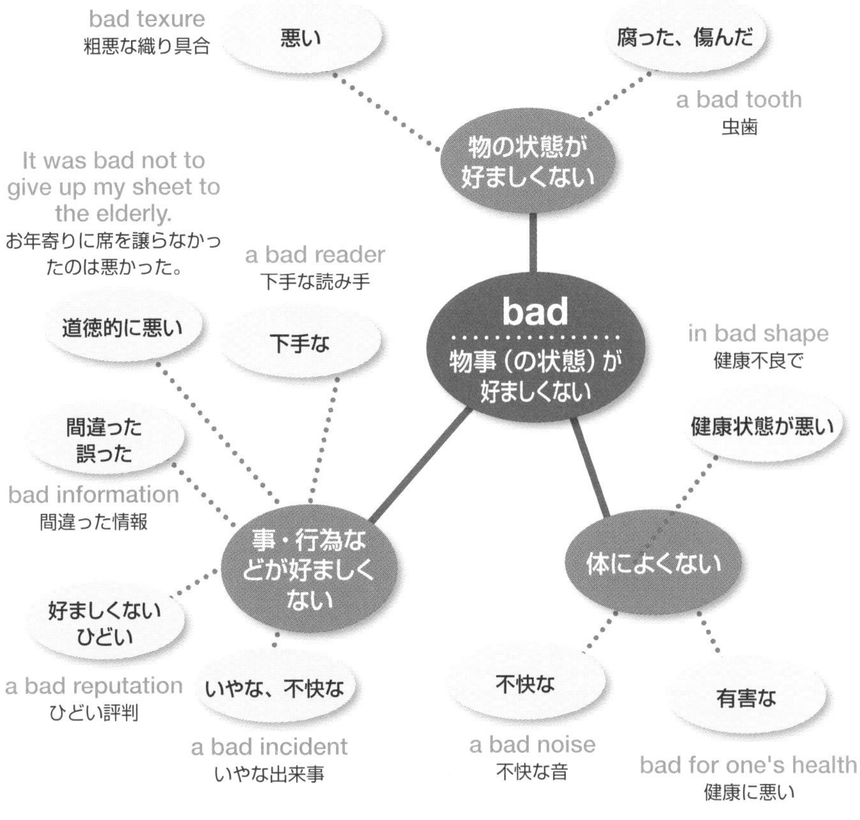

bad
物事（の状態）が好ましくない

物の状態が好ましくない
- 悪い — bad texure 粗悪な織り具合
- 腐った、傷んだ — a bad tooth 虫歯

事・行為などが好ましくない
- 道徳的に悪い — It was bad not to give up my sheet to the elderly. お年寄りに席を譲らなかったのは悪かった。
- 下手な — a bad reader 下手な読み手
- 間違った 誤った — bad information 間違った情報
- 好ましくない ひどい — a bad reputation ひどい評判
- いやな、不快な — a bad incident いやな出来事

体によくない
- 健康状態が悪い — in bad shape 健康不良で
- 不快な — a bad noise 不快な音
- 有害な — bad for one's health 健康に悪い

練習問題 **bad** に注意して、次の文の意味を考えてください。

1. He is trying to make the President look **bad**.

2. It must be **bad** having such a tight deadline.

3. Things went from **bad** to worse.

（解答は p.246）

ラーメン屋で隣の客がタバコをモクモクと。Hey! Bad noodles would get even worse!「まずいラーメンが余計まずくなるじゃねぇか！」と苦情を。

3 new wifeだなんて、今までに何人の奥さんがいたの？

new

形 名 動 副

newのコア

「新しい」がnewのコアであるのはもちろんですが、文脈によっては「未使用の」「今までになかった」「不慣れな」「新たな、新任の」という意味にもなります。new motherであれば、「子どもを生んだばかりのお母さん」であることが多いでしょう。しかし、文脈によっては、両親の離婚後、父親が後妻さんを迎え入れた場合に、子どもは新しい母親のことをnew motherと言うでしょう。つまり、motherのどの側面がnewなのかによって、同じ言葉でも異なった状況を表しうるわけです。new trialも同様で、まだ裁判が起こされて間がないものもnew trialでしょうし、裁判のやり直しを行う場合にも、同じ事件を扱ったold trialと対比してnew trialと言えるのです

ケース1 new wifeって？

どんな仕事についてもパソコンスキルは絶対必要。働く妻をもつ男性には次のような新婚時代の思い出がある人もいそうですね。

His new wife was busy studying IT.

この文を、「新しい妻はITを勉強するのに忙しい」と訳すと、ちょっと変な感じがします。言葉は確かにそうなっているけれど、日本語でそのまま訳してしまうと変、というケースはままあります。この場合は「結婚したばかりの妻」、newは「……したばかりの」という意味です。

訳：結婚**したばかり**の妻はITを勉強するのに忙しかった。

New question for you.「また別の質問」あるいは「次の質問」です。A new inquiry has begun. だったら「再調査開始」でしょう。

「新しい妻」というとまるで、前にいた妻ではなく、別の妻が加わったという感じさえ受けてしまいます。実際そういう場合があることも考えられますが、この場合は明らかに newlywed wife のことでした。

ケース 2 new power とは

イギリスのニュースです。2021 年、内閣改造があり国際貿易相だったリズ・トラス氏が外相に就任しました。

Lis Truss has these new powers, now that she is appointed new foreign secretary.

new power は「新しい権力」と言っていいのでしょうか？　前の例と同じように考えてみましょう。

訳：リズ・トラス氏には、**新たに与えられた権限**があります。**新たに**外相に就任しました。

このように、「新しくどうなったのか」ということを考えてみると、うまく意味がとれると思います。

ケース 3 直訳がむずかしい new

次は、簡単なように見えて、いざどういう日本語にするか、迷う例です。

new democracy / new beginning / new mothers

いずれも、ニュースなどで出てきたとき、「新しい」とそのまま訳していいのでしょうか？ もちろん「新しい」で意味が通じないわけではありません。

たとえば、国連開発計画（UNDP）では International Conference of New or Restored Democracies と称する会議があります。新しく生まれた、あるいは復興した民主主義国家ということで、会議名は日本語で「新生・復興民主主義国会議」となっています。new democracy は「**新生**民主主義国家」です。

のつぶやき　raise new questions by the day は「日ごとに新たな問題を浮上させる」。次から次へと問題を生んでいる状況が想像できる表現だな、こりゃ。

new beginningは「新しい始まり」でわからなくはないけれども、なにかが新しく始まったのですから、「**新たな**始まり」のほうがしっくりくるように思いますね。

new mothersが「新しいお母さん」？　これはなかなかの難物です。お母さんになってまだ新しい人ですから、「**子どもを生んだばかりの**お母さん」ということになるでしょう。

うまいひとことを見つけるのは、なかなか難しいです。

new のおもしろい言い方

ここでnewを用いた面白い言い方を紹介しましょう。一説によると、アメリカ文化を知るには野球、聖書、ポーカーの知識が欠かせないそうです。そこで、野球の話題から。

Let's start a new ball game.

直訳すれば、「新たに野球の試合を始めよう」ということですが、「野球」はあくまで比喩なので、日本語でピッタリくるいい言い方に直してみます。

ちょうど日本の国技である相撲に、いい表現がありました。「仕切り直し」です。

訳：**ここで仕切り直しをしましょう。**

ちなみに**a whole new ball game**なら試合が**「振り出しに戻った」**になります。

新しいことを始めるとき、into new territoriesやinto uncharted watersなど、「開拓」にまつわる言い方をすることがあります。「新しい土地に入る」「未知の水域に入る」とかです。新しいことを試す冒険心を、「開拓」に赴くことになぞらえています。

ちなみにnewsという語がありますね。最初は、「はじめてふれる速報」という意味だったものが、情報一般を指すようになったのでしょう。goodの項目で、《goodを使ったジョーク》としてとりあげられているgood news is..., bad news is...のnewsもそうですが、複数形であっても単数扱い、ということに注意してください。

newly weds「新婚さん」といっても最近はあらゆる年代層があり得る。そんな時代になりました。

副詞的に訳すとよい new

イスラエルとパレスチナの関係についてです。

> **There are new concerns about growing tensions in the Israel-Palestine conflict.**

このnewを副詞に転換して訳すと、「イスラエルとパレスチナの対立のさらなる緊張関係について、懸念があらたに持ち上がっています」となりますね。

ただここは、「あらたに」というよりは、「またもや」「ふたたび」「さらに」としたほうが、日本語としてふさわしい気がします。

訳：イスラエルとパレスチナの対立のさらなる緊張関係をめぐって、懸念が**またもや**持ち上がっています。

さらにニュースの話題です。裁判を新たにやり直したいと求めた話です。

> **Derek Chuavin's lawyers requested a new trial, but the request was denied.**

2020年に大きな問題となったBLM（Black Lives Matter）「黒人の命は大切だ」の運動のきっかけになったのは、ジョージ・フロイドさんの死でした。黒人を白人警官が窒息死させたと裁判になりました。これも、「動詞＋副詞」の原則でやってみると、こうなります。「デレク・ショービン被告側の弁護士は裁判を新たに申請しましたが、却下されました」。

これは、さらに踏み込めば「裁判のやり直し」ということです。

訳：デレク・ショービン被告側の弁護士は裁判の**やり直し**を求めましたが却下されました。

カタカナ語で使う new

さて、最後に、経済でいう **new normal** についてです。

The newer the wife and the tatami mats, the better.「女房と畳は新しいほうがいい」なんて申しますが、こりゃ単なる男の業でござんすねぇ。

これはアメリカ経済が好調で何ごともすべてうまく運び、アメリカはもう経済で悪いことなんか起こらない新たな体質の経済になったnew economyであると一時は本気で信じ込まれていました。しかしリーマンショックの後、今度はnew normalという言葉が登場して資本主義は根本的な課題解決をしないがきり、もはや前とは違う、と持続可能な社会への意識変革が進みました。新型コロナウイルスが世界中に広がった後は、生活様式の大きな変化を経て次の段階の「ニューノーマル」が問われています。

new economyは「新しい経済」というよりカタカナで「ニューエコノミー」、new normalも「ニューノーマル」と表されます。「新しい常態」「新常態」とも言われますが、カタカナのほうがよく使われています。

Some More Info

聖書について

「新約聖書」「旧約聖書」のことをそれぞれ、the New Testament、the Old Testamentと言います。Testamentには「約束」「契約」の意味があります。旧約聖書はイエス・キリストが生まれる前のこと、新約聖書はイエス・キリストが産まれた後のことを語っています。

練習問題 **new**に注意して、次の文の意味を考えてください。

1. **New** troops arrived in Afghanistan.
2. I am **new** here.
3. He is a **new** boy on the block.
4. He is on a **new** assignment.

（解答は*p.*246）

コラム

ペアの色①

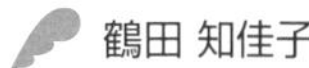

鶴田 知佳子

❶赤と青 — 4年ごとに共和党を赤、民主党を青として色塗られたアメリカ地図がテレビ画面に頻繁に登場する。実際に the red states という言い方をする。旗印を決めかねている州は紫の州（purple states）と言われる。赤と青が混ざった色だからか？

❷赤と青 — 株式市場関係の用語で思い浮かぶのはブルーチップ（blue chips）という優良株（高額ポーカーチップが青だったところから）と、red chips という香港に上場している中国株。

❸赤と緑 — これは株式市場における株価の上昇、下落の矢印の色。全面高のときに、あるアナリストが、「おお牧場は緑」とコメントしたのはうまいな、と思った。上昇しているときには緑の矢印、下げているときは赤の矢印を用いるのだ。テレビの画面の株式市場中継はこのように色で塗り分けられていてわかりやすい。

4 「公」になると、顔が知られるし、人目につくね

public

形 名 動 副

public のコア

publicのコアは「公の」で、ここから「公共の」「社会一般の」「公職の、公務の」「公開の」「人目につく」などの意味が出てきます。44ページのprivateのコアとの対比で押さえておけばわかりやすいでしょう。

ケース 1 公共の場で

大学のパブリック・スピーキング(Public Speaking 人前で、英語で話す)という授業では、身近なテーマを取り上げて各学生に意見を言ってもらいます。そのテーマのひとつに、No smoking in public「公共の場での喫煙禁止」をどう思うか、というものがあります。ここでは、例えば、以下のような意見が出ます。

> **There should be separate smoking areas in public places.**

訳:**公共の**場では分煙の場所を設けるべきだ。

ケース 2 政治家、公の職務に就いている人

テレビを見ていたら、好きなスターがテレビでこんなふうに言っていました。不倫疑惑が発覚して、さんざんマスコミに叩かれたときのことです。

> **Being a public figure comes with a price.**

There was public outcry of anger. と言えば「公の場で怒り表明」というよりも「一般の人が怒りの声をあげた」のほうがわかりやすいです。

このような場合には「有名人だから代償を支払わされる」という意味になります。**public person** を「**公人**」と訳すこともあるけれど、それは「有名スター」というより、「**政治家**」や「**公の職務についている人**」。

訳：顔が**知られている**と、そのつけが回ってくる。

ケース3 イディオム的な表現

① go public

次は経済の話題。これもニュースから引いてみました。

The company decided to go public.

「会社を公開する」というのは、「会社の株式を公開する」ことです。つまり、株式を市場に上場して、内輪だけで株式を持っているのではない状態にすること。「公に株式が保有されている会社になる」という意味です。つまり、**go public** は「**上場する**」です。

訳：その会社は**上場する**決意を固めた。（→ *p*. 47 参照）

同じく経済・金融用語で **public offering** という言い回しがあります。これは「**証券の公募**」です。この反対が「私募」、限られた人の間でしか申し込みを受けつけないこと。「公募」という概念は、株式を公開するときに特定の人だけでなくて、一般から応募を受け付けるということです。

② take public action とは？

お父さんの会社のアメリカ人の同僚の話です。彼が家の前の雪かきをしないでいたら、隣の家の人が転んでしまいました。その人はこう言ったそうです。

I am prepared to take public action.

法律を扱った、はやりのテレビ番組の口調をまねて言えば、「訴えてやる」ということです。何もかも、すぐさま訴訟に持ち込むのがアメリカの悪いところ。日本もそれをまねる傾向になっているようなので、よくない

のつぶやき：public good は「公共善」、public goods は「公共財」。この本の発想も public good に資する public goods として読んでいただけるといいけどなあ。

な、と思います。

訳：私は**訴訟の**準備をしている。

ケース 4 おなじみの PR

PR という略語は、日本でも使われていますが、これは **public relations** の略。もともとの意味は、会社や政府機関のなかの、広く一般の人との関係を構築するためのセクショです。日本語で言えば、「**広報**」です。

ついでに、**public sector** という言葉がありますが、これは「**公共部門**」のこと。「第三セクター」というのは、public relations でも public sector でもどちらでもない、ほかの組織を作って、その団体に企業の運営をまかせるという方式のことです。

ケース 5 名詞としての public

ニュースを見ていたら、こんなフレーズが耳に飛び込んできました。

The President addressed the general public.

これは、「**一般国民**の前で演説した」ということ。public という形容詞では真っ先に「公の」という意味を思いつくでしょうが、このように名詞形になっても同じことです。

のひとこと 「衆人の厳しい監視の目が光る」って何て言う？ put under public scrutiny と言います。

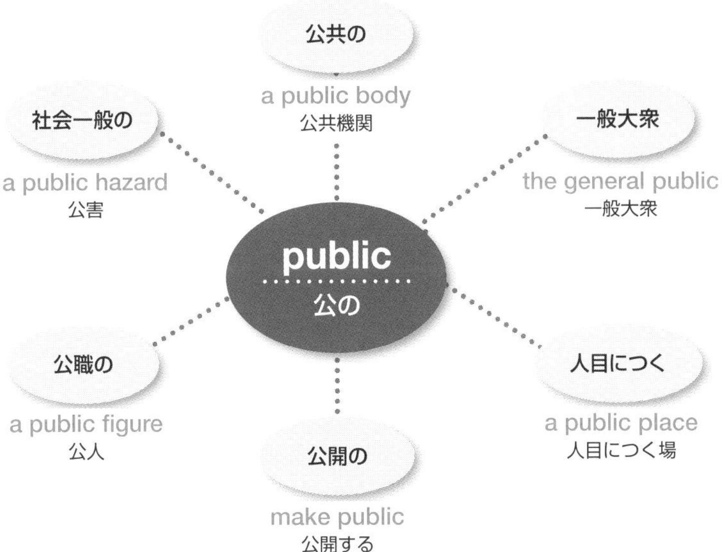

Some More Info

CPA って何？

CPA とはアメリカの公認会計士資格で、Certified Public Accountant の略です。英語のニュースではよくこういう略語が出てきますが、紛らわしいのは同じ略語で全然違う意味のものがあること。CPA は金融関係の人だったらまず公認会計士のことを思い浮かべるでしょうが、2004 年の 3 月に解散したイラクの組織、Coalition Provisional Authority「連合軍暫定当局」というのもありました。

練習問題　public の意味に注意して、次の文の意味を考えてください。

1. Obama's two daughters have stayed out of the **public** eye.
2. This survey is going to be the largest measure of **public** opinion since the last general election.
3. That was Pope John Paul Ⅱ's last **public** appearance scheduled for outside of Rome this year.

（解答は *p.*246）

最近メッキリ減ったのが「銭湯」と「公衆電話」。英語は public bath と pay phone。public phone でも通じる。public use のものが減りましたね。

5 private person は「私的人間」?!

private

形 名 動 副

private のコア

private のコアは「公でない」で、そこから「私有の」「個人的な」「非公開の」「民間の」「人目につかない」などの意味が出てきます。コアを押さえておけば、private life とか private person の訳語が文脈に応じてすぐに思いつくはずです。private company や private sector、private parts の場合には一般常識が必要かもしれませんが、ここで挙げた通訳事例で一度読んでしまえばもう忘れないでしょう。

ケース1 意味が想像しやすい「private＋名詞」

① private matter

アメリカのテレビの調査で、視聴者にこういう質問をしていました。

Do you believe personal and private matters should be left entirely out of politics?

訳：個人的かつ**私生活**に関する事情は政治手腕とはまったく関わりのないものであると考えますか？

大分前のことですが、かつてクリントン元大統領の不倫問題がマスコミの話題をさらったことがありました。その頃も、この問題がさんざん取りざたされていました。知りあいの放送通訳者はこの不倫問題の法廷証言を通訳するのに、恥ずかしい思いをして嫌だったと言っていた記憶があります。しかし、クリントン元大統領でなくても最近もトランプ前大統領や下

アメリカ人のお医者さんが I went into private practice. と言ったとき、「個人練習か？」と不思議に思いましたが、これは「開業した」ということです。

院議員についても性的スキャンダルが報じられ、政治家と不倫問題は切り離されてはいないようです。

② 私的な、内気な

イギリス王室の話。ウィリアム王子がこう言っていました。

I need my privacy. I am a very private person.

プラバシーがほしいというのはもっともですけれど、**private person** がどういうことか、わかるでしょうか。これは、自分は「内気な人間」だということでしょう。「プライベートな人間」では、何のことかまったくわからないです。

訳：私はプライベートな生活がほしい。私はとても**内気な人間**だ。

ケース2 意味が広がる「private＋名詞」

① private sector

次は **private sector** ですが、これは「**民間部門**」のこと。政府という公的な部門でなくて、民間資本の企業の属している部門を言います。この関連でよく使われる表現が **public-private partnership** で、PPP とも称されます。「官民提携」のことを指します。

② private property

この前、アメリカに行った友だちがある敷地を横切ろうとしました。そこには、こう書かれた立て札がありました。

Private property, do not enter!

無視して横切ろうとすると、すごい勢いで怒鳴られたそうです。これは、日本語で言うと「**私有地**につき立ち入り禁止」。

そう言えば、昔アメリカに住んでいたとき、同じことがありました。学校に行くのに近道だからといって、よく近所の小学生が家の庭を通るので、こういう立て札を立てて常にコワーイ小母さんが見張っていたのです。

のつぶやき　あなたは practicing dentist に見てもらいたいですか？ 練習中の歯科医ならまっぴら御免だい。でもこれは「開業している」歯科医なので大丈夫。

③ private part

人のジェスチャーの意味を研究している心理学の専門家の講演でのことです。こんな言い方が出てきました。

gesture to cover your private parts

知らない人の前でモデルをするとか、ジロジロ見られるような場面になったとき、人は自然にこんなジェスチャーをしている、という説明がありました。

この **private parts** は「**陰部**」のこと。ちょっと人目にさらすのを躊躇するところを、私たちは普通、知らず知らずに隠すようなポーズをしているということでしょう。

ケース 3 in private

アメリカ人の隣人が大事な会社の会議について、こう話していました。

The meeting was held in private.

会議なのにプライベートで行われるというのは、なにやら矛盾しているような気がします。しかし、ここの **in private** は「**非公開で**」という意味です。つまり、みんなに公開されているのではなくて、「特定の人だけが集まった会議」ということです。

訳：その会議は**非公開で**行われた。

のひとこと　個室のオフィスを持ちたいというのはビジネスマンの夢。さらに「個人秘書」private secretary がついたら最高。

ケース 4 副詞の privately

この前、友だちがから「プライベート・エクイティっていう部門に移った」という案内状をもらいました。この **private equity** が何かと言えば、「未公開株」のこと。上場されている公開企業ではない、そうした会社の株をいいます。

This is a privately held company.

訳：この企業は**未公開の**企業です。

privately は副詞で、**privately held** は「株式が公開されていない」、「未公開の会社」だということです（*p.* 41 go public「公開する、上場する」参照）。**public ownership** は「株式が公開されている」ことを指します。

Some More Info

映画 *Private Benjamin* の private って何？

1980 年に人気女優のゴールディ・ホーン（Goldie Hawn）が主演した映画。この private は「陸軍の二等兵」のこと。いい家柄に生まれ育った女性がどういうわけだか、陸軍に入隊志願してしまい、その挙げ句、見初められた外国の大金持ちと結婚する。しかし、結局、自立するほうが幸せだと気づいて自立の逆を歩むという話。また、*Saving Private Ryan* は『プライベート・ライアン』という日本語題名がつけられて 1998 年に公開された戦争映画でした。

ちなみに、private がなぜ、二等兵の意味になったかというと、かつて領主が自分の領地を守るために自分が私的（private）にお金を出して雇った兵隊という意味で private と言っていたのがそのまま兵卒という意味になったと言われています。

のつぶやき

private secretary は「私設秘書」。public secretary は「公設秘書」。公設でも「最高裁判所判事秘書官」は Private Secretary to the Chief Justice という。

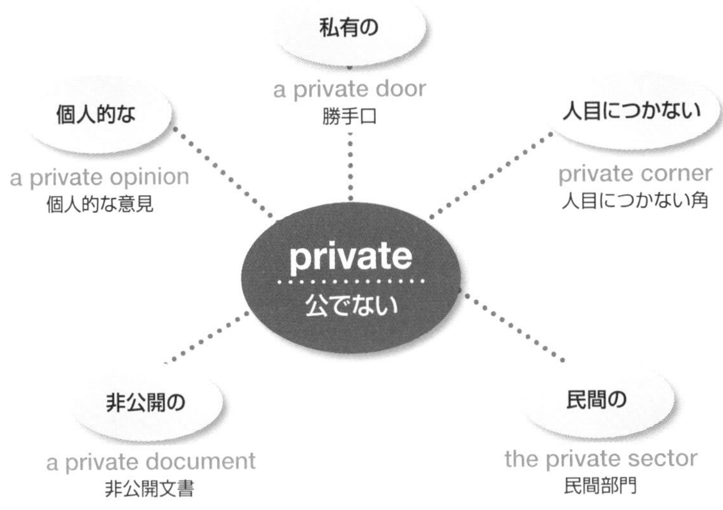

練習問題 **private** の意味に注意して、次の文の意味を考えてください。

1. He had a strong suspicion that his wife was seeing another man, so he hired a **private** eye to look into it.
2. The **private** advisory panel to the Prime Minister prepares to offer its report later this month.
3. Of the estimated 90 billion euros in **private** wealth in Finland, only about one-sixth is in stocks.

（解答は *p*.246）

It's a private matter; I'd rather keep that private.（個人的な問題；内輪にとどめたい）と言われたら、それ以上追求しないのが会話のエチケット。

コラム

道路が忙しい？

加藤麻子

米国在住 30 年の友人は、完全に日本語が英語に侵食されている。ある日、成田空港から電話をしてきて「道路がものすごく忙しいからたぶん遅れる」という。「えっ？　何が忙しいの？　どういうこと？」2 秒後にわかった。The roads are busy. だ！ 道路が混んでいるのだ！

すっかり busy の用法を忘れていた私には新鮮な響きだった。busy には「忙しい、混み合っている、活気がある、使用中の、慌ただしい、ごった返した」など、良い意味から悪い意味まで幅広いニュアンスがある。よく耳にするのが The line is busy.（電話中です）、busy streets (繁華街)、a busy airport（発着便数の多い空港）、a busy season for farmers (農繁期)、a busy design（ゴテゴテしたデザイン）等。

そういう私もアメリカに長く住んでいた頃、日本の母と電話で話してよく注意されたものだ。「今度は来られるの？」「来る、来る！」「行ける！ でしょ」と、英語はたいして上達していないのに、日本語が英語に影響されていた。I'm coming!

あるとき、車で 20 分の所に住んでいるアメリカ人の友人が、約束の時間に現れないので電話をすると、I'm on my way.（今向かっているところよ）と言う。あと少しで着くと思って待っていると、やって来たのは 1 時間後！ 心配したと言うと、電話の時点でいまだ家を出ていなかったことが判明！ その後、I'm on my way. は「これから家を出るところ」と言いながらなかなか家を出ない人から、本当に目的地まで後 10 分の所まで来ている人まで、幅が広いことを学んだ。同じ表現でも使い方は人によって千差万別。だから言葉はおもしろい！

〔加藤麻子：ユニバーサル開発株式会社 代表取締役、イングリッシュ アベニュー代表。コロンビア大学経営学修士（MBA）、日本の英語を考える会理事〕

He is a private person. え？ プライベートな人？ a public person が「公人」はすぐわかる。じゃ a private person は？ 「人前に出たがらない人」、「社交的じゃない人」、「孤独な人」。

6 晴れ舞台の日にも、ウェストに贅肉が付いたときにも big

big

形 名 動 副

big のコア

big のコアは「(しばしば主観的感情を伴って) 大きい」で、ここから「大きい」「成長した」「偉い」「重要な」などの意味が出てきます。large は客観的な規模・数量の大きさを表すのに使いますが、big はそれに加えて、主観的な重要性や程度の強さを伴っていることもよくあります。a big day は重要な日ということから、「晴れの日」という訳語がピッタリきます。また、a big name だと重要な名前というところから「名の知れた人物」とも訳せるでしょう。

ケース 1 主観的な重要性や強さを表す big

この前、カナダのある町と姉妹都市の関係を結んでいる日本の小学校に、カナダの小学校の校長先生が視察に来ました。日本の学校は式典が多いので有名ですが、カナダはそれほどではないらしい。ちょうど卒業式の時期だったので、実際に見てもらうことになりました。

たまたま私の卒業した小学校だったので、頼まれて簡単な通訳と案内をすることになりました。日本の校長先生は、一張羅のモーニングで正装しています。すると、カナダの校長先生がこう言いました。

It's a big day for him.

通訳のいらないところではありますが、「大きな日」ではピンときません。これは、「晴れ舞台の日」「晴れの日」、あるいは「大事な日」でもいいでしょう。

訳：先生にとって**晴れ舞台の**日ですね。

Big boys don't cry. はトーク番組で出た表現。別に大柄の男の子でなくても使える。「男だったら泣くんじゃない」。「大の男」っていうのと同じ。

お隣のお姉さんが自分のお父さんのことをこんなふうに自慢していました。

He's a big name in the real estate business.

訳：父は不動産業では**名の知られた**存在です。

身内の自慢というのは、聞いていてあまり愉快ではないことがあります。彼女のお父さんは、かなりのやり手なんでしょう。

こんな自慢の後で次のように言われると、何と答えていいか、ちょっとためらわれます。

Would you do me a big favor?

訳：ちょっと**折り入って**お願いしたいことがあるんだけど？

自慢の後「何か手助けしてくれる」というのは、なにかのインセンティブを示唆しているようで、いささか困惑ものです。こういうふうに持ちかけられると身構えてしまいますから。

次は、お隣のアメリカ人のお姉さんの悩み事です。

I am big around the waist.

これは、お腹のまわりに肉が付いて困ったわ、っていうことでしょう。必ずしも客観的に見て太っているわけではないのかもしれないが、ウェストが太くなると服が入らなくなります。買い換えねばならないと、経済的に問題になりかねません。

訳：お腹まわりに**肉が付いちゃった**。

ケース 2 biggest

株式のニュースで、big を使った次のような表現をよく耳にします。株が上がっているときはこうです。

Japanese stocks rose on Monday, with the Nikkei 225 stock average having its biggest advance since June.

big talkerは「大ほら吹き」。「大のおしゃべり」はgreat talker。通訳が上手なツル先生。しゃべる仕事をしているだけに、「great talker」に間違いない！

そうかと思うと、下がるときにも使っている。

> **Japanese bonds tracked U.S. 10 year Treasury notes, which had their biggest weekly drop in six weeks after the employment report.**

株式市場や債券市場の価格動向の話をするときには、「最高値」(highs＜さいたかね＞)、「最安値」(lows＜さいやすね＞) をつける、などと言います。「上がる」を表すには、advance、climb、rise、increase、move upward、「下がる」を表すには、decline、slide、drop、decrease、move downward など、いろいろな表現があります。

このまま、直訳するとそれぞれ、「日本の株式動向は、月曜日に日経225 株価指数が6月以来最大の上げ幅を記録する上昇だった」、次は「日本の債券は、アメリカの 10 年もの国債が雇用統計の発表を受けて、この6週間で最大の週間下落を記録したことに追随した」となります。しかし、前にも説明したように、「形容詞+名詞」ではなく、「動詞+副詞」として訳出したようがわかりやすい、ということを覚えていますか？　そのやり方で訳してみましょう。

訳：・月曜日の日本の株式動向を見ると、日経 225 の株価指数が6月来、**最も大幅に**上昇している。
・日本の債券は　アメリカの 10 年もの国債が雇用統計発表を受けてこの6週間で1週間当たりとしては**最も大幅に**下落したことで、連れ安となった。

このように訳したほうが、わかりやすいですね。ついでながら、同じ biggest ですが、こういうのはどうでしょう。

> **The biggest Japanese automobile maker rose by three percent.**

これは日本語の問題ですが、「最も大きな」というよりは「最大手の」と言ったほうがわかりやすいでしょう。

訳：日本**最大手の**自動車会社は3パーセント上げた。

気をつけたほうがいいもうひとつの例が、たとえば「失業率」についてです。まだ通訳者として仕事を始めたばかりの頃のことです。

よく言われることだけど、日本語と違い兄弟はひとつの単語。では「お兄さん」は何て言う？　big brother って言いますね。

The unemployment rate recorded its biggest rise in the last year.

この一文を「失業率はこの１年間で最大の上昇を記録しました」と訳しながら、すこし違和感がありました。誤訳とは言えないまでも、どうしてか？　失業率が上がるというのは、経済の状況としてはよくないことでしょう。それなのに、これだといいことのように聞こえかねない。ベストの訳文はこうなります。

訳：失業率はこの１年間で**最悪の**上昇となりました。

ケース 3 bigger

秋口になると、日本では台風がたびたび来襲します。アメリカではハリケーンです。台風がしょっちゅう来る場所のことを、日本では「台風銀座」などと呼びますが、アメリカでは Hurricane Alley（ハリケーン通り）と言います。さて、このところさんざんな被害にあっているフロリダ州の話題です。

Combined, the damage from these two storms is likely to be bigger than from Andrew, says a meteorologist.

この場合も、「より大きい」としない言い方がありそうです。比較のときによく big や little が使われていて、それを「大きい」「小さい」とそのまま訳しても意味が通じなくはないのですが、主語が何かによって、別の日本語を探したほうがいいことがあります。その点に気をつけましょう。

訳：ふたつの暴風雨の被害額を合計すると、ハリケーン・アンドリューによる被害総額を**上回る**可能性が高い、と気象予報士は言っている。

経済ニュースに出てくる big

同じく経済ニュースから引いてみましょう

Big ticket items don't sell well during a recession.

「警察国家の官僚」を Big Brother と言う。権威主義的なニオイがプンプンする。他方 do the big brother thing は「兄貴としてひと肌脱ぐ」って意味。

この big ticket items は「**高額商品**」のことを指します。

訳：**高額商品**は不況のときは販売不振です。

ほかにも決まった言い方がありますが、いくつか並べてみましょう。

Trading at the Big Board was modest today.

訳：**ニューヨーク証券取引所**は今日、薄商い（うすあきない）でした。

Welcome to the Big Apple.

訳：**ニューヨーク**にようこそ。

なぜ、ニューヨークはBig Apple と言われるようになったのでしょうか。一説によると、昔、ニューヨークでは競馬が流行っていて，競馬に賭ける賞金のことを apple と称していた。ニューヨークでは高い賞金が得られるというので、全米からジョッキーがニューヨークを目指してやってきた、それで Big Apple と呼ばれるようになったのだとか。

次の IBM はロゴが青いことから Big Blue と言われています。

Big Blue employees are known to stay at their company longer than average American workers.

訳：**IBM** の社員は平均的アメリカの労働者よりも会社での勤続年数が長いことで知られています。

練習問題 **big に注意して、次の文の意味を考えてください。**

1. She is known as a **big** entertainer.

2. Welcome to the Bingo game! There are **big** prizes waiting for you.

3. That was such a **big** deal for me to be able to meet the famous professor.

4. Don't make such a **big** thing out of it.

5. You make it sound like it's such a **big** deal.

（解答は *p*.246）

トランプ前大統領は big を好んでよく使っていましたが、大文字で the Big Lie と言われているのは、2020 年の大統領選挙で自分が勝利と称したことから。

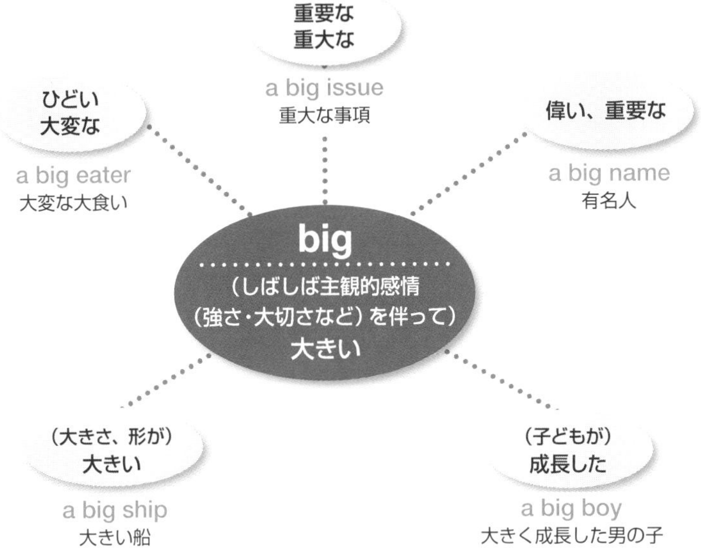

Some More Info　Bigを使ったニックネームいろいろ

- **Big Easy**　Easyとはニューオーリンズのこと。別名、Crescent City 三日月の町とも言われる。デルタ河口に面した三日月形だからとか。

  The Big Easy is breathing easy tonight.

  訳：ニューオーリーンズ市は今晩、ほっと一息ついています。

- **Big Peach**　Georgia州Atlanta市の愛称。
- **Big Bend State**　Tennessee州の愛称。Tennesseeはインディアン語で'River of the Big Bend'の意味であるところからきているそうです。
- **Big Bird**　幼児番組Sesame Street『セサミ・ストリート』に出てくる巨大な黄色い鳥のキャラクター。
- **Big Green**　Dartmouth Collegeの愛称。スクールカラーがグリーンであることから。

Big Ditchは？　大西洋、パナマ運河、ミシシッピ川のこと。確かにデカイ溝だな、こりゃ。

7&8 「小さい」ものは「カワイイ」のだ！

little & small

形 名 動 副

little & small のコア

● little のコアは、「小さい、少量の」で、感情的な評価を伴うことがあります。それに対して、small は客観的な描写に使います。例えば、a small doll なら「小さい人形」という形状を客観的に描写する際に使いますが、a little doll であれば「かわいい人形」というふうに、感情をこめて主観的に言うときに使います。したがって、little には「幼い」、「わずかの」、「つまらない」、「けちな、度量の狭い」などの意味があります。

● small のコアは、「（大きさ・量・程度などが）小さい」でこれは little とあまり変わりませんが、small は客観的に描写するときに使うことは上述のとおりです。a small guy はあくまで文脈によりますが、大きさに着目すれば「小さい人」ですし、世間での知名度に着目すれば「無名の人」という訳語になるでしょう。

ケース 1 little

① a little dog とはどんな犬？

この前、ニュースを聞いていたら、とても痛ましい事件のことを報道していました。ビデオゲームを盗まれたというほんとうに些細な理由で、ある男が人を雇って６人を惨殺したそうです。そこで、こんな表現に出会いました。

four men, two women killed along with a little dog

ここでいう little dog とは、「小型犬」、「小さな犬」、それとも「子犬」

Little Red Riding Hood というのは何のお話？ これは「赤頭巾ちゃん」ですね。そういえば昔ハロウィーンの仮装でこれになりました。

のどれでしょうか？　文字どおりなら「小さな犬」でしょうが、チワワなどの「小型犬」だったのか、それとも犬種は小型犬といえない、例えばレトリバーのような大型犬でも、「子犬」だったから小さいのかは、わからないです。

② a little baby に込められた気持ち

隣の奥さんは、赤ちゃんが生まれてこのかた、かわいくてしかたないみたいです。男の子に、ことあるごとにこう呼びかけています。

> **My little baby.**

見たところ、小さくもない、まるまると太った、文字どおり「玉のような」赤ちゃんにです。

そういえば、古い歌に *Pretty little baby* というのがありました。これは恋人に呼びかける歌でしたが、邦題は『可愛いベイビー』でした。赤ちゃんに呼びかけている隣の奥さんも、きっと同じ気持ちのはず。この場合の訳は「私の**愛しい**赤ちゃん」。ですが、これが貧しい国で食料が十分ない状態の子どもをリポートしていて、赤ちゃんに呼びかけているのだったら、「**小さな**赤ちゃん」であることも考えられます。

③ a little dog とはどんな犬？

こういうふうに、little は必ずしも小さい必要はなく、「愛しい」という感情を表すときに使います。

日本語で言うと、ちょっと気取った言い方をする女性が、名詞の前に「お」「ご」をつける感覚に似ていなくもないようです。

> **Ladies, don't forget to bring your little aprons to the potluck party.**

訳：ご婦人がた、今度の持ち寄りパーティに**ご愛用**のエプロンの用意をお忘れなく。

ここでは「おエプロン」とは言えないので「ご愛用のエプロン」としました。

④ ほとんど……ない

経済番組で聞いた文章です。

「小耳にはさんだよ」って英語では？　A little bird told me.「おしゃべりの誰かさん（a little bird）が教えてくれたよ」ってこと。

The technology boom created fortunes in many countries, but little ostentation in Finland, an egalitarian countries that has traditionally frowned upon flashly displays of wealth.

前にも同じような例がありましたが、ここの little ostentation は「形容詞＋名詞」ではなく、「動詞＋副詞」として訳出したほうがいいでしょう。

訳：テクノロジー・ブームは多くの国で華やかな富を生み出したものの、伝統的に富をあからさまに見せびらかすのを嫌うフィンランドでは、**ほとんど**富がひけらかされることは**なかった**。

ここでの little は「ほとんど……ない」という意味で使われています。

ケース 2 small

① small invester

世の中、なかなか声なき小さな存在が顧みられることはないとあきらめてはいけません。投資の世界で小口投資家がちょっと胸のすく事件を2021年1月に起しました。ビデオゲーム小売りチェーン「ゲームストップ」の株価があり得ない高騰をしたのですが、仕掛けは「打倒ヘッジファンド」のもとで結束した怒れる個人投資家。下記はニュース記事の見出し。

Reddit co-founder calls GameStop frenzy a 'bottom-up revolution,' shifting power to small investors

これは、「小口投資家の勝利だ」ということでしょうね。発言したのはレディットというサンフランシスコに拠点のあるSNSの共同創設者です。ゲームストップ株の騒動は「下からの革命」で小口投資家へのパワーシフト、ということです。

訳：レディットの共同創設者はゲームストップ株の騒動を、**小口**投資家へのパワーシフトを生む「下からの革命」と呼んでいる。

② small wonder とは？

法学部の学生だと言った際、こんな反応が返ってきました。

アメリカで生活したと言ったら、It's small wonder you speak English と言われた。英語を話すのは「小さな不思議」ではなく「不思議ではない」。

It's small wonder that you are familiar with law.

small wonder は、文字どおりなら「小さな不思議」ですが、それでは何のことかわかりません。正解は、「**ちっとも不思議じゃない**」。

訳：法律に明るくたって**当然ね**。

little（感情的な評価を伴って）小さい、少量の

- 幼い、年下の — my little sister 私の妹
- （物理的に）小さい — a little drop of brandy ブランデーのわずかな一滴
- （愛着を込めて）小さい、かわいい — my dear little mother かわいいお母さん
- （規模・距離・時間・程度が）小さい — a little discussion group 小規模な討論グループ
- （little で）ほとんど〜ない — little knowledge of the matter そのことをほとんど知らないこと
- 短い、わずかな — in a little while つかの間に
- つまらない ささいな — a little problem ささいな問題
- （a little で）少量の、わずかな — a little beef 少量の牛肉

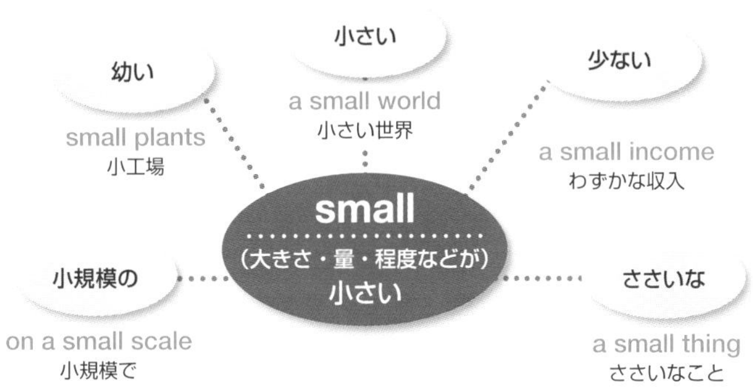

small（大きさ・量・程度などが）小さい

- 幼い — small plants 小工場
- 小さい — a small world 小さい世界
- 少ない — a small income わずかな収入
- 小規模の — on a small scale 小規模で
- ささいな — a small thing ささいなこと

練習問題 **little** と **small** に注意して、次の文の意味を考えてください。

1. **Little** did I know that the company was about to be the victim of a ransomware attack.
2. It's no **small** feat that you managed to finish on time.
3. Honestly, I don't see how she could get by with such a **small** amount of money.

（解答は p.246）

うちの親父が「小さい会社（a small business firm）だけど一国一城の主だ」と誇りを持って話していたのが、今でも心に残っているなあ。

9&10 高値 vs 安値、高貴 vs 下賤

high & low

形 名 動 副

high & low のコア

- high のコアは、「(位置が) 高い」。位置の高さに重点があり、下からある高さまでの「距離」に重点がある tall とは異なります。また、「高い」だけでなく、高低を伴う価値・程度・状況にも使われます。「高潔な」、「上流の」、「上質の」、「元気な」、「盛りの」などです。例えば、a state of high alert は状況が活発になって高まっている状態で、「厳戒態勢」という訳語になります。high road は「王道」、high street は「目抜き通り」、higher calling は「高貴な職業」という訳語が出てきます。あとは high の事例を確認しながら、自分で訳語を考えてみてください。
- low は high の反対語で、コアは「(位置が) 低い」。「低い」だけでなく、高低を伴う価値・程度・状況にも使われます。「安い」、「少ない」、「不十分な」、「劣った」、「卑しい」、「下等な」などです。例えば、low tastes だと「低俗な」、low-fat milk だと「低含有量の」、a low grade だと「悪い」という訳語になります。

ケース 1 high alert の状態とは？

今もって、テロへの警戒が怠れない状況が続いているようなのですが、こんな表現に出会いました。

America is on high alert.

high を「高い」と訳すと、なにか舌足らずです。この場合、「厳しい警戒」

high grade、low grade と言えば「良い成績」、「悪い成績」のこと。点数のことは high score「高得点」、low score「低得点」で、日本語も英語も同じです。

がピッタリします。ニュースの放送通訳をしていて、原語につられて思わず「高い」と言ってしまいそうになります。同時通訳の自動操縦モードと言われる現象です。何を意味するかを考えないで、ともかくそのまま日本語で言葉にするだけにならないよう、常に自分を戒めています。

訳：アメリカは**厳戒態勢**にある。

high と low の対比

① high-end と low-end

以下は、コンピュータの機種についての表現のようです。

high-end model / low-end model

ニュースでは、そのままカタカナで「ハイエンド」、「ローエンド」と言っていました。これを訳すなら、前者は「**高級**機種」あるいは「**上位**機種」、後者は「**下位**機種」でしょうか。「高価な機種」、「廉価な機種」と言い替えてもいいかもしれません。カタカナのままでもいいでしょうが、テレビは一般の人が見るもの。万人にわかる言い方にするのは、本当に難しいと思います。

high ではなく low で、次のような例がありました。

The numbers came in at the low end of expectations.

決算発表が相次ぐ時期に、経済番組ではしょっちゅう出てくる表現です。

訳：利益の数字が予想の数字の幅において**下限**だった。

ウォール街のコンセンサス予想というのが大手証券会社などを中心に出されますが、その一致した見解の中に実際の発表数値が入るかどうかが大いに注目されるのです。当の会社も予想の数字を前もって出していますが、その予想の数字とも比較されます。

そうすると、あってはならないことですが、低めに予想を出しておいて実際の発表の数字がとても素晴らしかった、とアピールして株価をつりあげたい――そうした誘惑にかられる人もいるでしょう。予想を上回った、というのは買い材料になりますから。でも、それでは一種の目くらましです。

high art と言えば「高尚な芸術」、low art と言えば「大衆芸術」ってことだが、人間が芸術を愛する心に high も low もないだろうに……。

② high and low

ミュージカル『サウンド・オブ・ミュージック』の歌の中に次のような一節があります。

Climb every mountain, search high and low

「すべての山に登れ」という歌ですが、ここは何を探す（search）ように言っているのでしょうか？　文字どおりに言えば、「高いところも、低いところも」ですが……。

訳：すべての山に登り、**すみずみまでくまなく**探しなさい。

自分の夢を見つけるまでは、目をしっかり開けて探すことを続けよ、ということですから。

③ high road と low road

政治の対談番組で、ある政治家が自分と政敵を比較しながらこう言っていました。

I take the high road, while he takes the low road.

「下自分は政治の**王道**を行っているのに政敵のほうは**何やらよからぬこと**をたくらんでいる」というニュアンスです。

これとはちょっと違いますが、街の通りをたとえに用いて、**high street**（イギリス英語）、**main street** という言い方をすることがあります。

high street は、中心となる「**目抜き通り**」のこと。たとえば、ニューヨークなら 5 番街、パリならシャンゼリゼ、ミラノならモンテナポレオーネ通りです。

一方の **main street** は、「**街の一番の繁華街**」を指します。必ずしも高級ショッピング街とは限りません。ニューヨークで言えば、マンハッタンのタイムズスクエアでしょうか。

なお、low street っていう言い方は知る限りありません。ただ、**low-lying areas**（低地）という言い方はあります。ハリケーンが毎年猛威をふるう、フロリダ州などがこれにあたります。

Expectations were running high. と言えば「大いに期待を抱いていた」。「高い期待をした」でもわからなくはないですけどね。

The hurricane brought a night of powerful winds and torrential rain to the 'Sunshine State,' with **low-lying areas** at risk of flooding.

訳：「陽の光の州」と呼ばれるフロリダ州にハリケーンはひと晩中、強風と豪雨をもたらし、**低地**は洪水の危険にさらされた。

low-lying areas は「低級」ではなく「**海抜が低い土地**」。

④ go low, go high

ミシェル・オバマ元大統領夫人は今なお人気の高い元ファーストレディですが、彼女を一躍有名にしたキャッチフレーズが、2016 年の大統領選挙のときにヒラリー・クリントン氏を応援して民主党の党大会で述べたこの一言。

When they **go low**, we **go high**.

go high はなかなか一言で言い表すのが難しいのですが、ヒラリー・クリントン氏の対立候補のトランプ氏が相手を恐れさせる，反発を覚えさせる、口汚く攻撃する。そうではなくて、オバマ元大統領がそうしたように、明るく希望を持てる政治を目指そうという。

訳：向こうが**下卑た手を使う**ならこちらは**高潔な振る舞い**をしましょう。

オバマ氏のキャッチフレーズが hope（希望）と変化（change）だったのを懐かしく思い出します。

ケース 3 Highness

皇族の方を呼ぶときに、high を使うことがあります。滅多にそうした機会に遭遇しないのですが、あるレセプションで実際に皇太子殿下ご夫妻にお会いになったという方の通訳をしたら、この表現が出てきました。

Their **Highnesses**, the Crown Prince and Crown Princess

こういう表現が出てきそうなケースでは、あらかじめきちんとメモしておいて、通訳の際に舌を噛まずにすらすらと言えるよう、練習してお

high acidity は「強い酸味」、high and mighty air は「偉そうな態度」。いずれも high は「高い」にあらず。

く必要があります。使用頻度の高い言葉ではないですから。ついでながら、もしも直接、国王・女王陛下に拝謁できる機会が生じたら、Your Highness と呼びかけます。

訳：皇太子**殿下**、ならびに皇太子妃**殿下**。

　そういえば、ある通訳者から聞いた話。オリンピック組織委員会の会合というと元金メダリストか、皇室関係者ばかり。その状況では、お互いを Your Highness「殿下」と呼び合っているのだとか。

ケース 4　highly と lowly

　high と low は、highly あるいは lowly というふうに、副詞でも使えます。ただし、必ずしも「高い」、「低い」という訳出ではありません。度合いを表すときに high であれば「大いに議論を呼ぶ」ということになりますし、**low** appreciation なら「感謝の気持ちが**薄い**」という表現になります。

The Atkins diet is highly controversial.

訳:アトキンズダイエット（低炭水化物ダイエット）については議論が**紛糾して**いる。

She had such a lowly status amongst the party-goers.

訳：彼女はそのパーティの出席者の中で、不釣り合いなほど身分が**低かった**（**卑しい**身分だった）。

　この場合の lowly は「低い」という意味でいいです。

名詞の high

① highs と lows

　経済の問題に戻りますが、次の表現はどう訳せばいいでしょうか？

- **The market is testing new highs.**
- **The market is testing new lows.**

Honors、High Pass、Pass、Low Pass とはある大学院の成績。略して H、HP、P、LP。LP をつけられたらどうしようとの恐怖を十分味わいました。

前者は「株価が新たに**上値**を試す展開」、後者は「株価が新たに**下値**を試す展開」です。「高値を更新するか」、「安値を更新するか」でもいいでしょう。この場合は「高い」に対して「低い」ではなく、「安い」です。

② a high of...

またまた経済番組で出てきた言い方です。

From a high of 60,300 employees worldwide in 2000, Nokia has shed some 9,000, according to the vice president of corporate communications.

このhighは、「最高水準のときには」あるいは、「最大で」ということです。一時はここまでの人数がいたのが現在は減っているからです。

訳：ノキアは、2000年に全世界で同社として**最大の**6万300人の従業員を抱えていたが、その水準から9000人の雇用を減らした、と同社の広報担当副社長は言っている。

練習問題 **high**と**low**に注意して、次の文の意味を考えてください。

1. In Finland, people don't really purchase **high**-end products compared to other countries.
2. Fast food is **high** in cholesterol and **low** in calcium.
3. The car was running **low** on gas.
4. Although she is quite a talented lady, one of the reasons for her popularity is that she keeps a **low** profile.
5. That company, which used to be quite large, is now reduced to a **low**-scale producer.
6. With so many **lower**-cost **high**-end products in the pipeline, I don't see how cheap imported products can be competitive.
7. No other country has a **higher** proportion of its people in the armed forces.

（解答は *p.*246）

のつぶやき high and low barは「段違い平行棒」のこと。bar examと言えば「司法試験」。アメリカでは試験のbarがlowだが、日本の場合、このbarは超high!

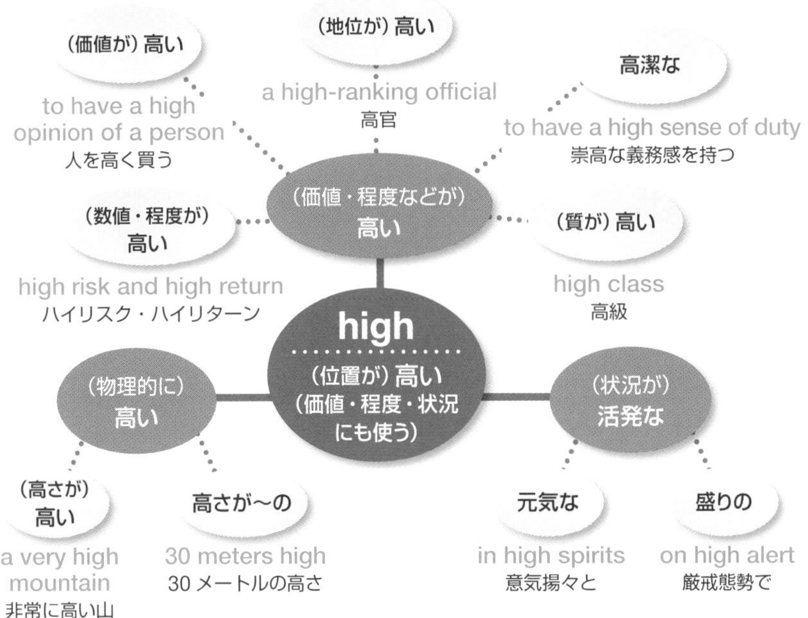
(価値が) 高い
to have a high opinion of a person
人を高く買う
(地位が) 高い
a high-ranking official
高官
高潔な
to have a high sense of duty
崇高な義務感を持つ
(価値・程度などが) 高い
(数値・程度が) 高い
high risk and high return
ハイリスク・ハイリターン
(質が) 高い
high class
高級
high
(位置が) 高い (価値・程度・状況にも使う)
(物理的に) 高い
(状況が) 活発な
(高さが) 高い
a very high mountain
非常に高い山
高さが～の
30 meters high
30 メートルの高さ
元気な
in high spirits
意気揚々と
盛りの
on high alert
厳戒態勢で

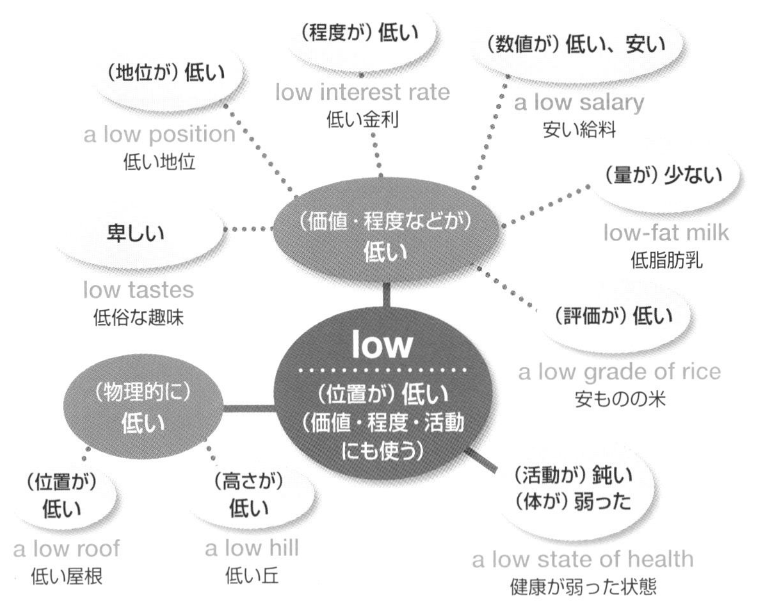
(程度が) 低い
low interest rate
低い金利
(数値が) 低い、安い
a low salary
安い給料
(地位が) 低い
a low position
低い地位
(量が) 少ない
low-fat milk
低脂肪乳
卑しい
low tastes
低俗な趣味
(価値・程度などが) 低い
(評価が) 低い
a low grade of rice
安ものの米
low
(位置が) 低い (価値・程度・活動にも使う)
(物理的に) 低い
(位置が) 低い
a low roof
低い屋根
(高さが) 低い
a low hill
低い丘
(活動が) 鈍い (体が) 弱った
a low state of health
健康が弱った状態

のひとこと

high tide と言われたら、高潮のことと思う？　いいえ、これは「満潮」のこと。「高潮」のことは、storm surge。

ミニコラム

high five

いつだったか、テレビでスポーツ選手が感動的で見事なプレーをしたときに、

The players exchanged high fives.

と聞いて何のこと？　と不思議に思ったが、画面を見たら納得。プレーが決まった喜びを表すしぐさで、手をあげてお互いに手のひらを打ち合わせること。

この動作を腰の高さで行えば low five。

ちなみに、犬に「お手！」をさせたいときには Give me five. と言う。手のひら全体、指 5 本あるからこういうのかと覚えた。

この表現はチーム内で「やったね」とお互いに喜びあうときにも使える。

では high society は？　*High Society*「上流社会」という映画もあった。一時「ハイソな」なんて形容詞が流行語になったが、元の英語はこれ。でも low society とは言わない。 High & Low で「天国と地獄」という意味を表すことはある。high time は？「楽しいとき」あるいは「何かするべきとき」。low time は「キャリアのどん底の時期」をさすのに使う。　　（鶴田知佳子）

のつぶやき

「ここは高い店だなぁ」ってときは、This is an expensive restaurant. なんでしょうが、a high restaurant って言えば、「高級感あふれる店」って意味になる。高い位置にあるかもしれないが。

11&12 プラス・イメージの long、マイナス・イメージの short

long & short

形 名 動 副

long & short のコア

● long は「距離・時間が長い」がコアです。そこから「長けている」、つまり、「(視力・記憶力が) よい」とか、「(視野・思考などが) 遠くにわたっている」なども表すことができます。また次のような面白い表現もあります。long face はもちろん「面長」でもありますが、「浮かない顔」「悲しげな顔」「仏頂面」を表すことがあります。long head は「長顔」でもありますが、「頭」つまり頭脳が長けているという意味で「賢明な人」「先見の明」を表します。long family history は家系図が「長い」こと。long and boring speech だと、逆に「長ったらしい」と少し悪いニュアンスにもなります。

● short は「平均値・基準値・期待値に届かない」がコアで、そこから長さ･距離･時間が「短い」、背が「低い」、「突然の」、文章や話が「簡潔な」、数量・期間が「不足の」、反応が「そっけない」などが出てきます。ですから、short of the target だと目標に届かない状況を表しますし、short memory だと「記憶力が不足している」「記憶力が悪い」という意味になります。これに関連して、We are short of hands. (人手が足りない) という表現もあります。

ケース1 short と long

① a short list と a long shot

知り合いのアメリカ人で、職を探している人の話です。

I am on the short list of candidates.

株式用語にならって short Bush「ブッシュは売り」と一部でささやかれた 2004 年の大統領選挙ですが、結局現職は強かったですね。

彼はこう言って、喜んでいました。short list という名詞を動詞の形にして、**short-listed** と言ってもいいのだそうです。そう言いながら、彼は少し浮かない顔もしていたのです。

But it is still a long shot.

はたして仕事が見つかりそうなのか、見つかりそうにないのか、聞いていてわからなくなりました。

最初に言っていた **short list** は、「**最終候補者の中のひとりに入った**」ということ。大勢の応募者の中から絞り込んだ、最終候補の「短いリスト」に入った、ということです。でも、まだまだ、**long shot** だというのは、命中するにはまだ「長い距離」を超えるのが必要ということで、弓矢や鉄砲で標的を狙って矢を射る、あるいは撃つのをイメージしてもらえば分かりやすいと思いますが、まだ標的までは遠い、「**そんなに簡単には決まらない、見込み薄**」ということでしょう。

② buy long, sell short が OK で sell long, buy short が無理なわけ

これは、投資をやっている人から聞いたのですが、**sell short, buy long** という言い方があるのだそうですね。だけど、必ずこの組み合わせで、sell long, buy short は、ないのだそうです。

sell short は「**空売りする（売り持ちする）**」こと、**buy long** は「**現物（実際の証券など金融商品）を買い持ちする**」ことです。株でも債券でも、金融商品の値段が上がりそうだと思ったら、どうしたらいいでしょう？　いちばんわかりやすいのは、株などの金融商品を買っておいて、高くなったら売って儲けを得る、ということです。

でも、現物を持たなくても、取引をして儲ける方法があります。それは、ある金融商品がこのあと下がる、と見たときです。今の値段で（その商品を持っていないのに）空売りをする。それで実際に値段が下がったところで、あらためて安くなったその金融商品を買ってその商品を借りたところに返せば、実際に売った値段と買い戻したときの値段の差額が儲かる、ということです。だから逆の sell long, buy short は無理なんです。

のつぶやき

I have a short answer and a long answer「短い答えにする？　長い答え？」こう言われると、結論だけ？　説明付き？　正直どうするか迷います。

The politician is long on talk and short on action.

という表現だったとしたら、「話ばかりで行動をしない」ということです。

訳：この政治家は**口先ばかり**で**行動が伴わない**。

ケース 2 short のバリエーション

次のような言い方を聞いたことがあるでしょうか？　その意味を考えてみましょう。

She stopped short.

意味は、ふた通り考えられます。たとえば、She stopped short of telling me the truth. は、「本当のことを言わなかった、言いそうになったけどやめた」ということ。これに準じれば、She stopped short. は、「急に話すのをやめた」になるでしょう。しかし、「急に立ち止まる」という意味もあるので注意しましょう。どちらになるかは文脈次第です。

戦争の報道のときに、次のような一文がありました。

The missile fell short of the target.

これは「ミサイルの距離が**届かなかった**」という意味になります。急にミサイルが止まるはずがありませんから。もっとも、最近はコンピュータ（AI）によってコントロールされたミサイルが主力になっていますが、インプットするデータが違っていたりすると大問題だそうです。ニュースの解説者が、誤爆のニュースがとても多い、と付け加えていました。

I have a short memory.

これは「記憶力が悪い」ということです。この short は短時間しか記憶を保つことができない、ということから記憶力がないという意味になります。

反対に、**Don't be long.** なら長い時間とるな、ですから「**あまり時間を取らないでね（長い時間、待たせないでね）**」ということです。

相談があるといわれて同僚のオフィスに行き、I won't keep you long.（長い話ではないから）と言われたのに、延々２時間、なんてこともあり得る。

ケース 3 longを用いたおもしろい言い方

辞書を眺めていると、**long face** とか **long head** という面白い表現に出くわすことがあります。意味は、前者が「渋い顔」、後者が「賢い頭」です。これは面白いですね。

同じ辞書で、**long family** という言い方も見つけました。これは、家系図が「長い」ことから、large family の意味で使います。

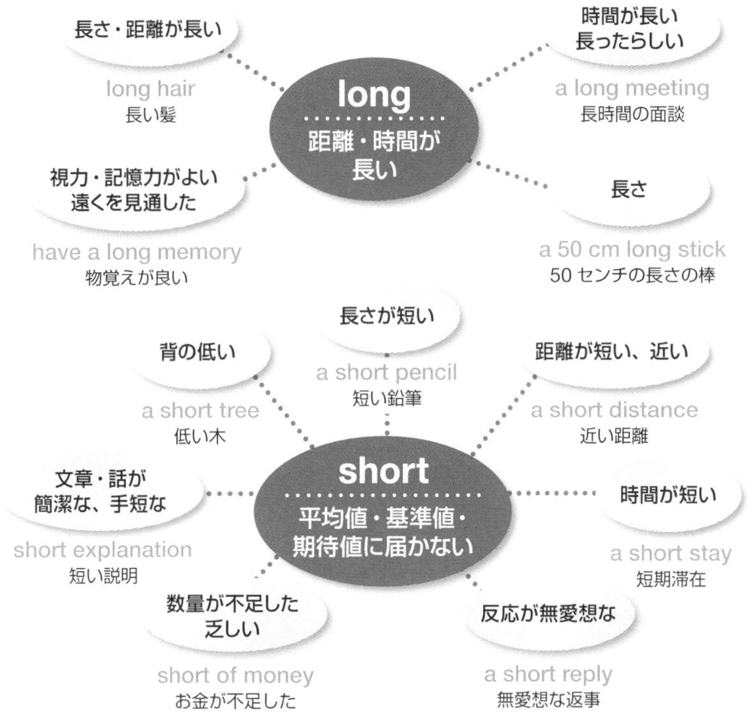

練習問題 **long** と **short** に注意して、次の文の意味を考えてください。

1. Seismologists tried to forecast an earthquake in California, but nothing happened. The earthquake forecast model fell **short**.
2. Your term paper is **long** overdue.

（解答は *p.*247）

小さいころ、「お前は醤油の瓶だ」とよく言われた。瓶一杯には少し足りない（short）、まだまだ不足だらけだと言ってよく叱られたもの。

13 「隠れ家」は「安全」か？

safe

形 名 動 副

safe のコア

safe のコアは「安全な」ですが、名詞との結びつきや文脈から、「安全な」を別の日本語で表すほうがいい場合もあります。たとえば、safe return であれば「安全に帰ってきたこと」という意味で、「無事な帰還」と訳出してもいいでしょう。訳語としては、「無事の」「無傷の」「差し支えのない」「確実な」「信頼できる」「間違いのない」など、文脈に応じてさまざまに考えられます。それから safe が名詞で使われる場合には、文字通りセーフな場所として「金庫」という意味になりますし、また辞書には「コンドーム」も語義として挙がっています。

ケース1 基本的な safe の意味

① safe in Tokyo

隣のアメリカ人がこんなこと言って、喜んでいました。

It is safe in Tokyo.

アメリカの街だったら、夜中の 12 時ごろに女性がひとり歩きしていて大丈夫だなんて信じられない、と言うのです。これはまさに「東京は**安全だ**」ということで、意味は合っていますよね。本当に、こういう点で日本は安全な国だと思いますが、これが safe のそもそもの意味なのです。

② stay safe

新型コロナウイルスが世界的にまん延して、どこの国でも政治家の口か

初めて会った人と話題にするのは何が無難？というとき Weather is a safe topic.「天気は無難な話題」が常識。政治と宗教は避けるべし。

ら国民に対して発せられる言葉として一番多くかけられたのがこの言い方でしょう。

Stay home, stay safe.

「ステイホーム」は、カタカナのままで使われていることもありますが、「**安全に**家でお過ごしください」ということですね。一方、少しずつ経済を再開したアメリカでは、経済成長も戻ってきて株式市場に投資を促す人さえいます。

ケース 2 「安全」から広がる意味

以下の一文は、誘拐された男の子について、テレビのニュースで言っていたものでした。

The boy was safe.

しかし、「安全」というのでは、なんだかしっくりきません。「**無事で**した」のほうがピッタリしますね。

Safe driving is the motto.

は、「安全運転は標語」、あるいは「**慎重な**運転」ということです。

I don't think this book is safe for young children.

「この本が子どもにとって安全かどうかわからない」というのは、ちょっと変な感じがします。これは、「この本が子どもに**安心して**与えられる本かどうかはわからない」ということでしょう。

ケース 3 いろいろな safe

① safe bet とは？

That is a safe bet.

safe method は「確実な方法」、safe house は「隠れ家、アジト」、safe first は「間違いなく１位になる人」と訳せば「無難な」（safe）訳だ。

これは、「賭けても**損はない**さ」ということです。ですが、間違ってもこういう言葉を鵜呑みにしないでください。

② job が safe とは？

パンデミックでリモートワークが実践されるようになり、ますます人工知能（AI）が用いられるようになると果たして自分の仕事は AI にとられないか？これが皆の気になるところ。こう言ってもらえるだろうか。

His job is safe.

「仕事は安全」では、少し変です。「仕事に危険はない」という意味に誤解されかねません。

AI に仕事を奪われないという意味で、「**なくなる可能性がない**」ということを指して safe と言っています。

③ safe house

ニュースで耳に入ってきた言葉です。

The police anti-terrorism unit stormed the safe house of the terrorists.

the safe house of the terrorists（テロリストにとっての安全な家）というのは、要するに「隠れ家」のことでしょう。

訳：警察のテロ対策班はテロリストの**隠れ家**を捜索しました。

練習問題 **safe に注意して、次の文の意味を考えてください。**

1. The terrorist was hiding in a **safe** room when he was arrested.
2. He is seen to be the **safe** bet in winning in the race.
3. When talking with new people, it's better to discuss **safe** topics such as the weather.

（解答は *p*.247）

山歩き中に清水がわき出ていて飲みたい。でも安全？　こういうときは Is this water safe to drink?「この水は飲んでも安全？」と聞きましょう。

safe
安全な

安全な
安心な
a safe country
安全な国

信頼できる
確実な
a safe trader
安心な業者

無事な
無傷な
safe return
無事に帰ってくること

無難な
a safe plan
無難な計画

差しつかえない
大丈夫な
safe for eating
食べても大丈夫な

コラム

ペアの色②

鶴田 知佳子

❹赤と黒 ― これは red ink（赤字）、black ink（黒字）で、企業が儲かっているかどうかを表す。go into the red（赤字に転落）、return to the black（黒字に復帰）ともいう。大赤字を指して deep in red ink という使い方もある。

❺赤と緑 ― 上記のことを、緑を使って表現した面白いテレビリポートがあった。アップル・コンピュータについてのリポートで、Apple is turning green. と言っていた。これはドル札の色が緑色であることから。実際、greenback というとドル札のこと。なぜお札が緑色か。一説ではお札の印刷時に黒インクが切れたため、在庫があった緑のインクで刷ったから。真偽は不明。

❻黒と青 ― investors with black eyes（黒目の投資家）、investors with blue eyes（青目の投資家）という言い方があるが、それぞれ日本人投資家と外国人投資家を指す。

以上、色に関する表現でどんな色がどういう意味に用いられているのかを見ていくのは面白い。

のつぶやき

「いや～、この辺は近ごろ物騒でねぇ」って何て言う？　It's not safe around here lately. と「物騒な」を not safe と考えればいいわけだ。

14 「若者」も「幼児」も「動物の赤ちゃん」も み〜んな young

young

形 名 動 副

young のコア

young のコアは「成長の過程にあって、若い」です。もちろん「若い」がその典型的な意味ですが、文脈に応じて「年下の」「若々しい」「新興の」「未熟な」などの訳語が考えられます。たとえば young country だと歴史が浅い「新興国」という意味ですし、young company だと設立間もない会社で「新興企業」という意味になります。He is young. だと「彼は若い」だけでなく、「彼はまだ経験が浅い」と訳すほうが適した場合もあります。

ケース 1 基本的な young の意味

英語のネイティブの先生が、外国人に渋谷のセンター街のことをこう説明していました。

This is an area for young people.

この場合はもちろん、「**若い**人たちの場所」ということで、間違いありません。普通に考えられる意味の「若い」です。

しかし、for those who are young at heart（気が若い人）のことも、たんに young people と言う場合がありますから、注意しましょう。

アメリカのボランティア団体 Young and Healthy とは健康保険のない子を輪番制で無料診察する医師のネットワーク。この Young とは「子ども」を指す。

ケース2 youngの意味の広がり

① young girl

ニュースを聞いていたら、次の一文が耳に飛び込んできました。

The young girl was found dead.

その場ですぐ、「若い少女が殺されて発見されました」という訳が浮かびました。しかし、続きを聞いていくうちに女の子の年齢が5歳だとわかり、「若い」ではおかしいと考え直しました。

youngと聞いたら、自動的に「若い」という日本語が思い浮かぶ人がほとんどだと思います。しかし、日本語では「幼児」を指して「若い」とは言いません。一方、英語では「幼児」のことをyoungと表現します。ということで、日本語にすると、5歳児なら「**幼い**女の子」ということです。

② young cheeseとは？

では、young cheeseは何と訳しましょうか？　ワインをはじめとする発酵食品で熟成が進んでいない段階のものを、日本語でも「**若い**」と言います。 この点は、英語でも一緒です。

練習問題 youngに注意して、次の文の意味を考えてください。

1. The night is still **young**.

2. South Sudan is still a **young** democracy.

3. You are so **young** in the head.

（解答は *p.*247）

young and healthyは普通なら「若くて健康な」って意味。ツル先生はまだまだyoung and healthyだし、charmingでもあるよ。

ミニコラム

ドジ通訳・三題噺

大分前ですが当時のブッシュ大統領の国連総会での演説を同時通訳していた私、つい自動操縦モードでこの young を「若い世紀」と言ってしまいましたが、この young は「このはじまったばかりの世紀」という意味で使われていたのでした……。

こういうのを集めて、同時通訳ならぬドジ通訳コーナーができそうです。

ドジ通訳・三題噺です。

その1　第I回大統領候補テレビ討論会のとき、ブッシュ大統領が「国連でイラク関係の決議を16もとった」と言っているのに「60もとった」と言ってしまった……。

その2　ある会議通訳でのこと、free は「自由に会場に入れる」という意味で使っていたのに「無料で入れる」と訳していた……。

その3　同じくブッシュ大統領の国連総会での演説、偉大な国連という組織に対する great calling for great organization「偉大なる呼びかけ」とすまして言ったけど、「大いなる使命」でした……。

young at heart「気持ちは若い」ことに自信がある私、しかし、あまりに若返りすぎて like a baby「子どもみたい」とは言われないようにしないと。

コラム

ビートルズはクラシック音楽？

市川公美

ベートーヴェンやモーツァルト、バッハ等の古典音楽は日本ではクラシック音楽というが、米国では classic music とは言わない。classical music である。楽器も、たとえばクラシック・ギターではなく、classical guitar。この分類は modern や contemporary に対比する古典バレエなど、他の古典芸能・技能にも使う。18～19世紀に作曲された交響曲、協奏曲、室内楽などはとくに大文字の Classical になるようだが、たとえば 14 世紀にフランスを中心に発生した Ars nova（新しいアート、さしずめニューウェーブか）という一派も、今では classical music でひと括りにされるだろう。

では、アメリカにはクラシック音楽はないのか。実は、元々アメリカのラジオ局で始めた分類だが、classic rock という名称がある。The Beatles、The Rolling Stones、Led Zeppelin など、主にアルバム中心に作品を発表してきたアーティストに敬意を表して定着した。ポップ、ハードロック、ヘビメタ、プログレ、ファンク、レゲエ、スカ、ダブ、モータウン、オルタナティブ、R&B、ディスコ等は該当するであろうが、ラップミュージックがクラシックになるにはもう少し年月が必要か。

一方、クラシックの用法として、形容詞や名詞で名作を classic(s) と呼ぶほか、「典型的な」という意味でも多く使われる。また、映画やテレビ、芸能などで、皆が知っているおなじみのシーンに対する賞賛、嘲笑（前世紀の遺物）や揶揄（繰り返しによるマンネリズム）とないまぜになった愛情・愛着を表現するときにも使う。古い例で恐縮だが、カトチャンのひげおやじや志村けんのコントでお約束の落ち、もしくはアメリカのテレビシリーズ、*Seinfeld* の数々の名場面、名台詞はいずれも “That's classic”。また、友人の振る舞いや言い訳に対して「またやらかしてくれたよ」という意味合いで使うこともある。

〔市川公美：投資銀行、格付け会社などを経て、現在は 401(k)（確定拠出型年金）等退職口座のアドバイザー。コロンビア大学経営学修士（MBA）。日本の英語を考える会（NNE）理事〕

のつぶやき
ことばの意味ってなぁ複雑だ。young は「初々しい」「みずみずしい」という意味にも、「未熟な」「経験が浅い」という意味にもなる。でもなぁ、若さっていいなぁ～。

15 「甘い」ものは「心地よい」

sweet

形 名 動 副

sweet のコア

sweet はもともと味覚の「甘さ」を表しますが、嗅覚・聴覚・視覚にも転用されて「甘美な心地よさ」を表現します。日本語でも「甘い誘い」とか「甘い言葉」「甘いマスク」という表現があることからもおわかりでしょう。a sweet apple だと「甘い」、sweet dishes は「おいしい」、the sweet smell of perfume は「香りがよい」、a sweet voice は「美しい」、a sweet baby は「かわいらしい」、a sweet room は「感じがいい」、sweet memories は「楽しい」などの訳語が考えられます。

sweet は、また名詞としても使うこともできます。sweets と複数形にして具体的なものを表すなら「甘いお菓子」という意味になります。それから、the bitters and sweets of life と言えば「人生の苦楽」で、この sweets は「喜び」という意味の抽象名詞です。また my sweet は愛しい人に対する呼びかけにも使います。

ケース 1 基本的な sweet

バレンタインデーは愛を伝える日。次の詩も、同様に愛を伝える常套句として有名です。

Roses are red, violets are blue,
Sugar is sweet and so are you

Sugar is sweet. は、もちろん「砂糖は甘い」です。しかし、続く so are you を「あなたも甘い」と訳すと少し変です。これは、「あなたは**やさしい**」でしょう。

sweet water fish といったら淡水魚のこと。海に住む魚は？ salt water fish と言います。

英語では、このように同じ単語を別の意味で使うことができますが、日本語に訳してしまうと、そうしたシャレの部分がわからなくなってしまいます。

ケース 2 sweetの発展系

① sweet smile

I can't forget her sweet smile.

このsweet smileは、「甘い微笑み」でしょうか、「やさしい微笑み」でしょうか？　この場合は、「**愛らしい**微笑み」が正解でしょう。

② How sweet of you

映画My Fair Ladyの中に、こういうセリフがありました。

How sweet of you to let me come.

これは、イギリスでよく使われる表現です。sweetの代わりにlovelyを使うこともあります。パーティに招待されたときの儀礼上の決り文句です。

訳：**ご親切に**お招きいただき、ありがとうございます。

③ 名詞のsweets

複数形にして**sweets**と言うと、甘いものには目がない人たちが喜ぶ「チョコレートも含めたお菓子全般」を指すことになります。

練習問題　sweetに注意して、次の文の意味を考えてください。

1. He has a **sweet** tooth.
2. **The sweet** smell of perfume filled the room.
3. **Sweet** words of love melted her heart.

（解答は *p.*247）

「花より団子」はBread is better than the songs of birds. 花そっちのけで甘いもの（sweets）をくれる人にHow sweet of you! と言えば花見の会話が弾むかも。

16 「愛」から始まるものはみな「すばらしい」

lovely

形 名 動 副

lovely のコア

もともと love のコアは、名詞で「愛」。そこから「恋愛」「強い好み」「恋人」「大切な人」と意味が展開します。動詞であれば、「愛する」「大好きである」「敬愛する」などです。

ここでは、形容詞 lovely を取り上げています。「愛らしい」が第一義で、そこから「かわいい」「すばらしい」になると了解しておけばいいでしょう。

また loved one という言い方もあります。「愛する人」でもいいのですが、家族に言及している文脈では、「肉親」という意味でも使います。それ以外も、love のコアから考えれば意味がうまくつかめるはずです。

このページを読んだみなさん、Have a lovely day!

ケース 1 イギリス人がよく使うあいづち Lovely!

先日、向かいの家のイギリス人に I passed my test today. と言ったら、Lovely! という答えが返ってきました。これは、どうやら「愛らしい」という普通の意味ではないようです。イギリス人は相槌を打つとき、よく Lovely! と言います。「素敵！」という意味です。

そういえば、この歌を知っていますか？ *My Fair Lady* というミュージカルで歌われたものですが、わざとロンドンの花売り娘のアクセントを残した歌詞にしています。

All I want is a room somewhere,	私の望みは
Far away from the cold night air;	夜霧をしのぐ小さな部屋

意外に男性にも lovely は使われます。Your husband is a very lovely man.「ご主人は素敵な方ですね」と新婚当初言われて違和感があったけど。

With one enormous chair...	大きな椅子がひとつ
Oh, wouldn't it be loverly?	それだけでご機嫌
Lots of choc'late for me to eat;	チョコレートを食べ
Lots of coal makin' lots of heat;	石炭を山とくべる
Warm face, warm hands, warm feet!	足の先まで暖かい
Oh, wouldn't it be **loverly**?	それが私の天国

（『マイ・フェア・レディ』Alan Jay Lemer 作、清野賜一郎注解、英光社刊）

最初のほうに出てくる歌で、「私のことを本当に気にかけてくれる人に出会えたら素敵」と歌うところ。手元にあるビデオの字幕を見たらこの wouldn't it be loverly? のところが「それだけでご機嫌」と訳されていて、うまい！と思いました（ここでは loverly というふうに lovely に r が入っています。これは、ロンドンの下町娘のアクセントをそのまま歌にしているからです）。

前項に続いて、ここにもチョコレートが出てきました。どうやらチョコレートをもらって嬉しいのは男の人だけじゃないようです。

ケース2 lovely の発展系

Today is a lovely day to go on a walk.

この lovely day は、「愛らしい」でも「可愛い」でもなさそうです。正解は、「散歩には**格好の**日、**最適な**日」ということでした。

同じような例をもうひとつ。イギリス人のお母さんが、うちの母に感謝してこう言いました。

That was a lovely dinner. Thank you.

これは、lovely time とも言っていいかもしれません。「楽しい」「すばらしい」、あるいは「愉快な」ということでしょう。

ところで、lovely weather は「素敵な天気」ですが、こうなるとどうでしょうか？

のつぶやき 『ティファニーで朝食を』に Well, there's a lovely man. ってのがある。「どうして、ありゃなかなかいいひとじゃよ」。（龍口訳）

lovely weather for ducks

アヒルにとって「素敵な天気」、つまり「雨天」のこと。面白いです。

知りあいの若いお母さんがこう言われたそうです。

You have lovely children.

lovely children を「美しい」と訳すと少し変です。「素敵な」とも言いません。ここは「**かわいい**子どもたち」ということです。

ケース3 lovely について

① my loved one

ところで、lovely に関連して loved という言葉があります。次の文の loved one はどういう意味でしょうか？

I send chocolates to my loved one on Valentine’s Day.

訳：私はバレンタインデーに、**好きな人**にチョコレートを贈ります。

この場合は「愛する人」という意味でいいと思います。バレンタインデーにチョコレートを贈るというのは、一説によるとチョコレート会社が始めた陰謀だそうです。本命チョコ以外にも義理チョコや友チョコと、この日ばかりはチョコレート売り場が異様ににぎやかです。こんなふうに売り場に女性が殺到して、チョコレート会社が喜んでいる国は、本当に日本だけです。

その盛況ぶりが羨ましくなったのでしょう、キャンディー会社があらたに始めた「お返しの日」も日本だけ。それが「ホワイトデー」。でも、その先になんと「三匹目のドジョウ」をねらった「オレンジデー」という催しもあるのだそうです。この日にオレンジ色の贈り物を持って相手を訪ね、仲を深めるとか。

海の向こうの韓国では、4 月 14 日を「ブラックデー」と称しているとか。バレンタインデーにチョコをもらえなかったり、渡す相手がいなかったりした人たちが、黒いジャージャー麺を食べる日です。仲間同士で慰め合っ

Lovely! ってただ、相づちで相手が言っただけなのに、「美人」あるいは「素敵」と褒められたと勘違いなんていうのは、みっともないかも。

て、暗い気持ちを払拭するのでしょう。中華料理屋さんががんばって宣伝しているのだそうです。

② loved occasion とは？

次は、経済ニュース話題です。

a much loved occasion by the bond traders

訳：債券トレーダーが**心待ちにしていた機会**

市場の環境がきわめてよくなって、債券トレーダーが大喜びしている、ということです。とはいえ、「今ぜひ、債券投資を！」という証券会社の口車には、くれぐれも乗せられないようにしてください。

③ a well loved doctor とは？

次の文は、前のふたつの意味「愛する」や「心待ちの」では、あまりピッタリとは言えないようです。　この場合は、「人気がある」でいいでしょう。

She is a well loved doctor in her town.

訳：彼女は、この町で**評判のいい人気医師**です。

ケース 4 形容詞 beloved

これは、悲惨な事故で父親を亡くした息子さんへの弔辞の一部です。

I send you my condolences on the loss of your beloved father.

訳：**最愛の**お父様がお亡くなりになりましたこと、謹んでお悔やみ申し上げます。

loved ones は family と同様、「肉親」のことです。放送でこの表現が出てくるとき、たとえば、テロで肉親を失った家族が泣き崩れているような場面とかですが、「愛する人たちの死を悼んで」と訳してももちろん通じないわけではありません。しかし、この場合は「身内の死」「肉親の死」に直面して悲しみにくれている、というのが正しい状況把握です。

のつぶやき　lovely landscape（絶景）の見える lovely hotel（素敵なホテル）で lovely music（心地よい音楽）を聞きながら lovely meal（美味しい食事）がしたい！

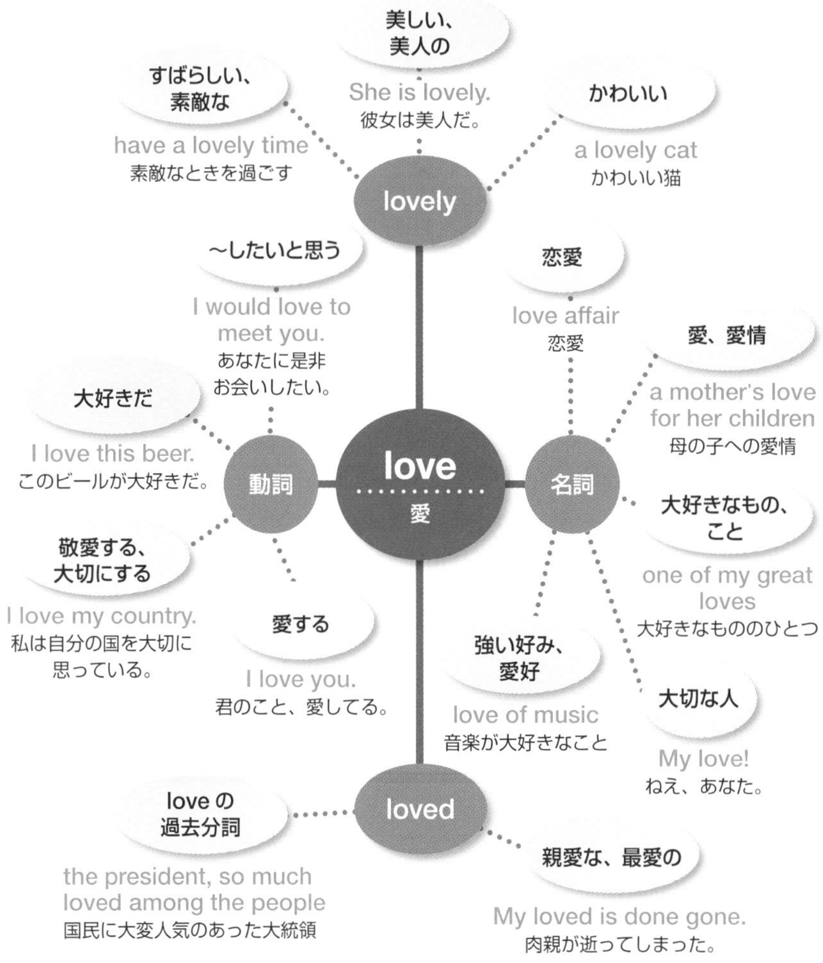

練習問題 **lovely**、**loved** に注意して、次の文の意味を考えてください。

1. On such a **lovely** morning like this, it is fitting to go for a walk.
2. During the school's hostage crisis, the parents called their **loved** ones.
3. The President, who was so much **loved** among the people, was greatly missed after his death. （解答は *p.*247）

コラム

シンプルの訳は単純ではない

鶴田 知佳子

simple という語を翻訳するとき、文脈によっては「単純」とだけ訳したのでは何となく物足りない場合がある。simple の背後にある重層的なニュアンスを表現しきれていないからだが、翻訳ではその場合、そのままカタカナ語で「シンプル」と訳すケースがしばしばある。映画のセリフやタイトルの simple の例からみてみよう。

まず、英語から韓国語、日本語字幕への例。2020 年アカデミー賞作品賞受賞の韓国映画『パラサイト』は、半地下に住む貧困な一家と丘の上の豪邸に住む富裕な一家を対照的に描いたもの。半地下家族の長男は、友人の紹介で富裕一家の子の家庭教師を務めることに。雇い主の夫人はどんな人かと聞く長男に友人は、「young and simple」と答える。日本語字幕は「ヤング＆シンプル」。やがて夫人は「若くて飾らない」が「未熟でお人好し」であると明らかになっていく。ここでの simple を「単純」と訳すのではやはりしっくりこない。夫人は典型的な「トロフィーワイフ（金持ちの夫がトロフィーのように見せびらかす妻）」で美しいが何もしない。こうした彼女の「底の浅さ」も含めての simple なのだとわかる。

次はフランス語から英語、日本語への例。2021 年 7 月公開のフランス映画『シンプルな情熱』はタイトルそのものに「シンプル」が使われる。原題は *Passion Simple*（仏語)、直訳すれば「単純な情熱」。映画の原作、1991 年出版のアニー・エルノーの小説は英語でも *Simple Passion*。日本語でも『シンプルな情熱』（堀茂樹訳、1993 年早川書房）と翻訳された。フランス人女性教師が、謎めいたロシア人外交官と出会い、「一直線」で「ひたむき」に彼との関係をもつのみを待つ生活を送る。映画、小説ともに冒頭は「去年の 9 月以来、私はひとりの男を待つ以外何もしなかった」と始まる。確かにこれは「単純な情熱」とは訳しにくい。

両方の映画とも、挙げた例では simple をカタカナ語の「シンプル」と訳すことで、ひとつの訳語に意味が固定されるのを避けていると言えよう。

17 「自由」に「無料の」コーヒーをどうぞ！

free

形 名 動 副

free のコア

free のコアは、「なにものにも束縛されていない」。社会的な権力や圧力などからの束縛を受けていないところから「自由な」、時間や場所に拘束されていないところから「暇な」「空いている」、金銭的な束縛を受けていないところから「無料の」などの意味に展開します。また「束縛から解放する、自由にする」という動詞としても使います。

ケース1 「自由」のバリエーション

① 自由に選べる

自分でスケジュールを自由に決められる、自由業のひとつである通訳者をキャリアに選んだのは、自分の専門的スキルをいかす職業というのもさることながら、自分の自由な時間に仕事を入れることができるという点も魅力でした。

I am free to decide my own schedule.

訳：自分の予定を自分で**自由に**決めることができます。

「自分で自由に決められる」ということで、他にも次のような言い方もあります。

Please feel free to state your opinion.

訳：**自由に**意見を言ってください。

freeway「高速道路」ということばからすぐ思い出すのが中央フリーウエイ、なつかしいユーミンの歌のタイトル、「この道はまるで滑走路、夜空に続く」若い人は知っているかな？

I am free to do as I wish.

訳：自分の好きなように**自由に**行動できる。

経済・貿易関係の用語として、自由ではない制限を加えられていない慣行の言い方を紹介しましょう。Free Trade Agreement (FTA)とも略されますが、次のような場合です。

The EU-Japan free trade agreement entered into force on February 1, 2019, with the aim of strengthening economic and political relations between these two important trading areas.

訳：2019年2月1日に発効したEU-日本**自由**貿易協定は、このふたつの重要な貿易地域の経済的・政治的関係を強化することを目的としています。

② 自由で公正な選挙

自由の国、アメリカ。「自由」はアメリカ人が第一義的に重きをおく価値観です。「自分が決める」、「自分の意志で決める」ということが大事とされます。民主主義国家では自由で公正な選挙を行うのが前提です。

Holding free and fair elections are a basic necessity for a democratic country.

訳：**自由で**公正な選挙は民主主義国家の基本です。

ケース2 「無料の」のバリエーション

① 無料の

イギリス人の児童文学研究の先生は、書評を書く目的であると、無料で本の提供を受けられます。自分の研究や自分の好みで本を買うのとはまた違った観点から本に触れられるので、それも歓迎だということです。

I get free books as a reviewer of young adult books for an online book review magazine.

のつぶやき

I'm free. ってぇと、「暇だよ」って意味。でも、I'm free of him at last. だと、「やっと彼と別れた」って意味に。付き合っている相手がいなくて free というのもある。

訳：私は、オンラインの書評誌でヤングアダルト（YA）本のレビューを担当しているので、**無料で**本を読むことができます

② 自由なアクセス

最初は、このオンラインの書評誌は購読料をとっていたのですが、のちに無料となりました。

Reading the magazine required a subscription, but later the decision was made to allow free access.

訳：雑誌を読むには、購読することが求められたが、その後、**無料で**閲覧できるようになった。

ちなみに、ファミリーレストランでは、「フリードリンク」なるサービスがありますが、これは free drinks ではなく、free refills と言います。そうでないと、飲み物は「無料」と勘違いされかねません。

ケース 3 「束縛のない」のバリエーション

① 縛られない

「フリーマーケット」略して「フリマ」などという言葉があります。これは青空のもと、誰でも自由に出品できるという意味でつけているのかと思いたくなりますが、実は flea market「蚤の市」からきているので、free のフリーではありません。

たとえば、週末に生徒がいない小学校の校庭は開放されていることがありますね。

This elementary school playground is used as a free and open space on weekends.

訳：この小学校の運動場は週末は**自由に**使う場所として開放されている。

② 自由意思で動き回れる

いつだったか、はるか遠い記憶になりましたが、鶏が放し飼いになっている農場を見学に行ったことがありました。やっぱり、束縛なく自由に動

feel free to say whatever you like「なんでも好きなようにお話しください」と言われてもかえって固まってしまった。そんな時代もあった、と懐かしく思い出す。

けるのは鶏も気持ちよいだろうなあ、と思いました。We went to visit a farm where the chickens were allowed to **roam free**.（鶏が**放し飼い**にされている農場を見学に行った）。これは次のようにも言えますね。

> **We went to visit a farm with free-range chickens.**

ケース 4 「自発的に」のバリエーション

自由の国、アメリカ。「自由」はアメリカ人が第一義的に重きをおく価値観です。「自分が決める」、「自分の意志で決める」というのが大事とされます。私が同時通訳者として仕事をするようになったのは、自分の自由な時間に仕事をいれることができるという点も魅力でした。

> **Please feel free to use this room as long as you lock it afterwards.**

訳：あとで鍵をかけてさえいただければ、この部屋はご**自由に**お使いください。

自分の好きなように訳出する、意訳するということは、例えば特定のファンが映画を自分たちで訳したい、などという場合にあり得ます。

> **A number of free translations have been made of the famous movie by its fans.**

訳：その有名な映画については、ファンの手によって何種類もの**意**訳がされている。

ケース 5 動詞として用いる

誘拐事件が発生して人質がとられ、身代金を支払わないと、解放されないという事件がありました。この「解放する」には動詞で free が用いられます。

> **A kidnapping has occurred, and the hostages will not be freed until the ransom is paid.**

訳：誘拐事件がおきて、身代金が支払われない限り人質は**解放され**ない。

ソウルの繁華街で、「ピリコピ、ピリコピ」って言いながらコーヒーを配っている人がいた。あぁ、なるほど、free coffee（無料の珈琲）なわけね。韓国語は /f/ が /p/ の音になるんだ。

練習問題 **free** に注意して、次の文の意味を考えてください。

1. Do you have some **free** time this weekend to go see a movie with me?
2. She was so happy to see her dog finally **freed** from the ditch it fell into.
3. The politician was certain that allowing the **free** movement of people and goods into the country would develop the economy.

（解答は *p*.247）

名詞編

president security
interest reason sense eye
hand thing way end call
control life line
time paper care

18 「ヨッ、大統領！」と言いたくても、肩書きはいろいろ

president

形 **名** 動 副

president のコア

　presidentは「組織の長」一般を指す、と了解しておけばOKです。文脈によって、「大統領」「会長」「長官」「社長」「学長」「委員長」「総統」「理事長」「総裁」「頭取」「議長」など、トップの肩書き名が変わりますが、どれも「組織の長」であることに違いはありません。和訳の肩書き名がとっさに出ないときには、「トップ」と訳しておけば問題ありません。

presidentはpresidentでも千差万別

　ESS（英会話クラブ）の「部長」が、自己紹介でpresidentと名乗っていました。「大統領」と同じ言い方なので、奇妙に感じる方もいるのではないでしょうか？

　肩書き名はとても大事です。同時通訳の現場では肩書きの訳し方を間違えると、通訳者への信頼感がすっかり損なわれてしまいます。だから、かなり神経を使います。同じ英語であっても、会社ごとに訳語が違うこともあり、訳し分けが必要です。

　presidentと称していても、以下の例はみな訳が違います。

President of PRC (People's Republic of China)
President of Taiwan
President of MUFG Bank, Ltd.
President of the United States
President of the International Red Cross

President Yasser Arafat is in a deep coma. の訳は「アラファト議長は深い昏睡状態です」。肩書きは訳語がいろいろと変化しますが、間違えないように！

PRC（中華人民共和国）は「**国家主席**」。Taiwan（台湾）では「**総統**」と呼びます。ちなみに、香港のトップはChief Executive で、日本語では「行政長官」です。

そういえば、中国関係の肩書きでPremier もありました。これは「首相」でしょう。中国の首相は習近平国家主席が前面にでるのであまり目立ちませんが、今は李克強首相（長くやっています）で、発音は、Li Keqiang です。聞いてすぐに李克強首相だとわかるには、発音も覚えておきましょう。

MUFG Bank（三菱UFJ 銀行）は、銀行ですから「**頭取**」です。しかし、ソニー銀行は「**社長**」と言っているようです。

United States（アメリカ合衆国）は「**大統領**」。ロシアもフランスも、同じ「大統領」です。

そして、International Red Cross（国際赤十字）は「**総裁**」でしょう。世界銀行や日銀も、同じく「総裁」です。

ただ調べてみても、何と訳していいか、どうしてもわからない場合があります。イギリスの組織は、政府機関であってもアメリカに比べて情報が乏しく、調べきれないことがあります。大使館が業務をしている時間だったら電話で確認することもできますが、早朝・深夜の放送通訳のときは、とても無理です。

インターネットのWEB で調べられればいいですが、それもできないときは「トップ」と訳してしまいます。苦肉の策ですが、下位概念がわからないときは上位概念で置き換える、という方策です。

練習問題 **president** に注意して、以下の文の意味を考えてください。

1. Thank you Mr. **President** for your kind introduction.
2. **President** Bush talked with President Putin on the phone.
3. I became the **President** of the Dancing Club. （解答は *p*.248）

マラランさんの発言。"You don't have to become prime minister or president or CEO/to be a change-maker." この president をどう訳そうか、迷うなぁ。「大統領」？それとも「会社の社長」？ 訳はみなさん次第です。

名詞 president

19 securities company と security company はどう違う？

security

形 **名** 動 副

security のコア

この語は、secure という形容詞のコアから押さえておくといいでしょう。「危険や不安のない状態が確保された」が secure のコアで、その名詞が security です。そこから派生して、「安全」「安心（感）」「防衛（手段）」「防御（策）」「保安」「警備係」「保証」「担保（物件）」「抵当」「（複数形で）株券」「有価証券」と、抽象名詞から具体名詞まで意味は多岐にわたります。

ケース 1 「検査」と「警備」

① 手荷物検査

空港の「**手荷物検査**」のことを英語で何と言うでしょうか？　テロの脅威があるということで、空港での警戒がどこもきわめて厳しく、海外に行くのはひと苦労です。アメリカに行った友だちは、2 回も靴を脱がされた、と言っていました。

肝心の質問の答えは、**security check** です。成田の手荷物検査所に行くことがあったら、よく見てきてください。

② 厳重な警備

Exam papers are kept under tight security.

イギリスで A レベル（中等教育修了および大学入学の参考とされる）の試験問題が盗まれロンドンの町中で売られていた、と BBC ニュースで報道されたことがありました。この場合の security の訳は、「管理」か「警備」

かつて選挙の票を握ると言われたのは soccer mom（白人中産階級で子どものサッカーの送り迎えをする母親）。今は security mom（安全に関心ある母親）。

でしょう。

訳：試験問題は厳重な**警備**下に置かれている。

でも、人間のすることなので、絶対大丈夫ということはありません。私も授業の試験答案をしっかり管理しておかなくては。

「保証」と「保障」

①「老後の生活の保証」

祖父が見ていたパンフレットに security in retirement とありました。祖父は 80 歳を過ぎても元気で、あちこちの趣味のサークルの会長までしていますが、収入がないことには変わりがありません。そこで、老後の安定収入の確保について心配していました。

security in retirement は、「**老後生活の保証**」、あるいは「**老後の安心**」という意味です。

②「日米安全保障」

US-Japan Security Treaty と言えば「**日米安全保障条約**」、あるいは「**安保条約**」という定訳があります。しかし、中東和平の問題は、日本人にとってはけっして わかりやすい問題ではありません。そのおおもとのコンセプトがどうなっているのか、それを考えるとき security がキーワードになるようです。

In the Middle East peace talks, Israel focused on the issue of security.

中東和平問題の文脈であれば、イスラエルが占領地を返すかわりに、パレスチナはイスラエルの安全を保証する、という事情を押さえておけばうまく訳せるでしょう。

訳：中東和平交渉でイスラエルは**治安**問題に焦点をあてた。

security と safety。似ているが、security は人為的な脅威からの安全、safety は事故や災害からの安全。national security は「国家の安全保障」、home safety は「家内安全」。

名詞
security

ケース 3 securities company と security company はどう違う？

security は securities と複数になると、まったく違う意味になります。「**証券会社**」は **securities company** です。**security company**（**警備保障会社**）と間違えないでください。s がつくかどうかで全然違いますから。securities と複数形は「証券」のことなので、securities company は「証券会社」のことです。しかし、security と単数形だとこれは「警備」や「保安」を意味するので、「警備保障会社」になります。

証券会社に関して言えば、かつてバブルの頃は四大証券会社がそろって海外進出してあちこちの欧米の街で看板を見かけたものですが、いまは昔。金融業界全般がいまや成長産業ではなくなりました。

さて、一方の警備保障会社の話。身代金を狙われかねないような大金持ちだったり、有名人だったりするとそれなりに高いしっかりした警備保障会社を頼んで身の安全を確保しなければなりません。身代金要求をする誘拐ビジネスはかえって増えているようで、その意味ではこちらのほうは、成長産業と言えるでしょう。

練習問題 **security** に注意して、以下の文の意味を考えてください。

1. I don't know how anybody could steal money from that store with a **security** camera installed.

（注：security camera 監視カメラ）

2. Linus always carries a **security** blanket with him.
3. Mind your own **security**, you have to protect yourself.

（解答は *p.*248）

security blanket とは？　安心感を得るため子どもがいつも抱きしめるお守り毛布。スヌーピーが登場するマンガの登場人物ライナス坊やの毛布が有名。

コラム

アンバー・アラート

松井ゆかり

本書の形容詞編の high の *p*.60 説明部分で high alert という表現が記載されているが、最近は日本でも「アラート」という言葉がよく使用されるようになった。暑くなれば「熱中症警戒アラート」、ミサイルや気象警報に「J アラート」、新型コロナウイルスの感染拡大には「東京アラート」等。

「熱中症警戒アラート」は、警戒とアラートが重複している気もするが、まあ何をすべきかわかる。しかし、「J アラート」、「東京アラート」は日本の事情を知らなければ何を警戒すべきかさっぱり解らない。アメリカにも同様に、新参者は聞いただけでは解らないが、大切なアラートがある。AMBER Alert（アンバー・アラート）である。

AMBER Alert は、誘拐発生時に、逃走犯の目撃情報を求める警報である。テキサスで誘拐、殺害された 9 歳の Amber Hagerman ちゃんの名前にちなみ、America's Missing: Broadcast Emergency Response の頭文字でもある。1996 年にテキサスで放送局と警察が協力し誘拐犯の早期発見システムとして立ち上げたものが全米に広まったそうだ。

「ビー、ビー！」という大きな音ともに、周囲の携帯電話が一斉に鳴り出す。犯人の身体的特徴や逃走に利用している車の情報が携帯電話に一斉送信され、ローカルニュースでテロップが流れ、高速道路の電光掲示板にも表示される。日本でも類似のことは行われていると思うが、アメリカではこの警報に名前がついているのである。

かなり耳障りな警報音なので、逃走中の犯人も気が気ではないだろうと思うが、あまり頻繁にこのようなアラートが発信されないのが一番である。何度も繰り返し鳴っていると、誘拐されたお子さんのご家族のことを考え、心が痛くてたまらなくなる。

〔松井ゆかり：日系企業米国法人財務担当ダイレクター。コロンビア大学経営学修士（MBA）。日本の英語を考える会（NNE）理事〕

名詞 security

Security is the greatest enemy. ってどういう意味？　安心することが最大の敵だ。ふむふむ、「油断大敵」かぁ！　同じ意味のことわざでも英語と日本語では表現方法が違うんだな。

20 「興味」と「利益」の不思議な関係

interest

形 **名** **動** 副

interest のコア

interest のコアは、動詞で「物事が人に興味・関心を与える」と捉えることができます。そこから名詞の意味を考えると、人に着目すれば「興味」「関心」、物事に着目すれば「趣味」「関心事」「面白み」「利益」「利子」などの意味が出てきます。これらは一見バラバラの意味に思えますが、人生一般の「関心事」を利害関係や財政状況という文脈へシフトさせれば、容易に意味の連関がつかめるでしょう。

ケース1 「興味」「関心」の interest

「興味」「関心」の意味だと、次のような文があります。

I read your letter with great **interest**.

訳：大きな**関心**をもって、あなたの手紙を読んでいます。

She has great **interest** in the NBA.

訳：彼女は NBA にとても**興味**がある。

ケース2 「利益」に関わる interest

① 経済用語では？

経済学で「金利」を話題にする際に、たとえば interest payment on bonds（債券の利子支払い）という言い方を習ったかもしれません。これは、「関心」や「興味」という意味の interest ではありません。

interest paying deposits とは「利子がつく預金」のこと。「利子のつく債券」のことは fixed income と言います。

interest は「興味」や「関心」のほかに、債券や預金の「**金利**」、「**利払い**」という意味があります。

②「利益」の規模もさまざま

「利益」を意味する interest です。

Put the interests of the American people first.

訳：アメリカ国民の**利益**をまず第一に考えましょう。

That agreement meets our national interest.

とすると、それは国にとっての「利益」だから、もう少し意味が狭まって「国益」となるでしょう。

訳：その合意は我が国の**国益**に適っている。

ニュースを見ていると、**special interest groups** などというのも出てきます。これは「**特別利益団体**」です。たとえばグリーンピースのような環境保護論者や、女性の地位向上のための団体などがまず思い浮かびます。

ケース 3 裁判での a person of interest とは？

裁判で **a person of interest** という言葉が出てくることがあります。これは「**参考人**」のことです。

ある注目を集めた事件に、妊娠５カ月の妻が失踪し、しかも血染めのマットレスが近くのゴミ捨て場で見つかった、というものがありました。夫が犯人ではないかと疑われたものの証拠がないので、夫は a person of interest「参考人」として召喚されました。

練習問題 **interest に注意して、以下の文の意味を考えてください。**

1. Thank you for your **interest** in our university.

2. The university bonds will pay **interest**.

3. The matter is of great **interest** to our university.

（解答は *p*.248）

「高利貸し」loan shark は「法外な利息」exorbitant rate of interest を強要してくる。up to one's ears in debt「首が回らない」事態に陥らないように。

21 「理由」ぐらいは知っているけれど……

reason

形 **名** 動 副

reason のコア

reason のコアは、「物事を筋道立てて考えること」です。そこで、①「筋道立てて考える根拠」として「理由」「わけ」「根拠」「動機」、②「筋道立てて考える心の働き」として「理性」「知性」「判断力」「思慮分別」、③「筋道立てて考える道筋」として「道理」「理屈」「筋道」という意味が出てきます。言葉の意味も筋道立てて考えると面白いですね。

ケース 1 good reason

次はある有名な裁判の被告人について、コメンテーターが論評しているときに出てきた言葉です。

He had good reason to be concerned.

これを聞くと、被告は有罪になりそうだとわかります。懸念するに足るような不利な材料があった、と考えられますから。

陪審が判断を下すということで、事件が大きく取り沙汰されました。地元の町からわざわざ別の町に裁判の場所を移すことになったといいます。辣腕弁護士が被告側についたことでなりゆきが注目されたのですが、結局、有罪になりました。

訳：彼には懸念するに**足る理由**が十分にあったのです。

emotion vs reason

選挙関連番組でキャスターがこういうコメントをしていました。

He is a man of reason. と言ったら「理屈の男」ではなく「理性の人」ですね。

This election ad is playing on people's emotions, not reason.

選挙広告（election ad）を見ていて思うのですが、理屈で説得ができないなら感情に訴えるものが多いようです。相手の陣営のマイナスイメージを煽るのは、国の分断を招くので禁じ手にも関わらずよく用いられています。この場合のreasonは「感情」（emotion）の対義語である「理性」の意味になります。

訳：この選挙広告は人々の**理性**ではなくて感情に訴えています。

ケース3 形容詞形 reasonable

reasonの関連語ですが、裁判のニュースを見ていたら、**beyond reasonable doubt**という言葉が出てきました。アメリカでとても話題になった事件で、夫が妊娠9カ月の妻をクリスマスイブに殺したかどで裁判が行われていました。

この言い方は、普通「**合理的疑いを超えて**」と訳されます。推定無罪の考え方を基本にしたものなのですが、合理的に考えて無罪とは言えない、犯人とするに足りる理由が十分にある、と立証できて初めて有罪となるということです。

以上から、**reason**は「**合理性**」、あるいは「**理性によって判断したこと**」という意味にもなるわけです。

練習問題 **reason**に注意して、以下の文の意味を考えてください。

1. **Reason** told him that it was time to leave.
2. I won't do it for any **reason** in the world.
3. She must have good **reason** to have acted so strangely.

（解答はp.248）

「理屈っぽい」（argumentative）人って意外と「論理的思考」（reasoning）をせずに「理屈をこねている」（chop logic）ことが多いよなぁ。

22 「センスがいい」は good sense か?

sense

形 **名** 動 副

sense のコア

sense のコアは五感に基づいて「ピンとくる感じ」を示すもので、動詞の場合、「人が物事をピンと感じる」という図式で表すことができます。人に着目すると、「感覚」「感じ」「意識」「センス」「分別」「良識」「正気」などの意味が、物事に着目すると、「意義」「道理」「価値」「意味」「語義」「意図」などの意味が出てきます。

make sense という表現は、まさしく「ピンとくる」感じです。人は外界のものを自分にとって意味のあるものとして了解しようとするとき、「意味づけ」(sense-making)を行います。人によって意味づけの仕方が異なるからこそ、人生の意味も豊かになると言えるでしょう。

ケース1 sense vs sensibility

次の文には、sense と sensibility が使われています。

The comedian's sense of humor shocked the audience's sensibility.

sense と sensibility の違いがわからないと、全体の意味もはっきりしません。そこで、この文を訳してみましょう。

訳:そのコメディアンのユーモアの**センス**は、それを見ていた聴衆の**感受性**に衝撃を与えた。

「リズム感がある」って何ていう? You have a good sense of rhythm. です。「音感が鋭い」は have a keen sense of sound ですが、どうもいずれも語学のセンスと共通するような。

ケース 2 sense vs taste

まずは、大昔の失敗談から始めましょう。「君はセンスがいいね」とネイティブの同級生の服装の趣味を褒めたつもりだったのに、通じなかったことがありました。「趣味がいい」ことを、英語で You have agood sense. と言ってしまったのです。すると、of what? と聞き返されました。

たとえば have a good sense を使って、こう言ったとします。

I have a good sense of what is going on.

訳：何が起きているのかよく**把握**している。

この場合の sense は「**理解**」「**分別**」です。いっぽう、服装の趣味を褒めて「**センスがいい**」と言う際には **taste** を使います。

You have good taste in clothes.

たしかに「趣味がいい」と褒めたのにもかかわらず、何についての趣味なのかを言わないと、聞き返されることでしょう。

それでは、次の文は「センスがない」という意味になるのでしょうか？

He must have been out of his senses to have done such a thing.

訳：こんなことしたなんて、**どうかしていた**にちがいない（混乱していたにちがいない）。

この sense は「**正気**」で、**out of sense** は「**正気を失って**」の意味になります。「**正気を取り戻す**」「**我に返る**」は **come to one's senses** または **bring (one) to one's senses** と言います。

It took a lot of effort to bring him to his senses.

訳：彼に**正気を取り戻させる**には多大な努力を必要とした。

ご経験豊富なツル先生がよくおっしゃること。Sense comes with age. これは「亀の甲より年の功」。Experience counts. っていう表現でもいいかも。

ケース 3 doesn't make sense

「意味が通じない」「何を言っているのかわからない」というのはこんなふうに言います。

What she says doesn't make a lot of sense.

訳：彼女の言っていることはあまり**意味がわからない**。

そういえば、世の中、奇妙な事件がたびたび起こりますが、たとえば、ある事件の報道内容についてわけがわからないなら、senseを使って以下のように表現することができます。

The news coming out about the blast doesn't make sense.

訳：あの爆発について報じられていることは**つじつまがあわない**。

ケース 4 感覚の意味で使う sense

また、senseを「感覚」の意味で使うこともあります。次の文章がそうです。

He started telling lies due to a feeling of inferiority. It started with a sense of failure.

この場合は、sense of failureから嘘つきが始まったということです。

訳：彼が嘘をつき始めたのは劣等感からだった。自分が敗者だという**感覚**がそうさせたのだ。

senseは自分が感じている「感覚」ということです。

come to one's senses は「意識を取り戻す」。自動車事故の後で、などで使える。「夢中になった自分を客観的にみる」という意味での「目が覚める」ときにも使える。

• • • • • • • • • •

senseの意味がかなりつかめてきたところで、冒頭のケース1に戻って、senseとsensibilityが具体的にどう違うのか、もう一度確認しておきましょう。

そういえば、このふたつの言葉をそのままタイトルにした小説がありました。*Sense and Sensibility* です。ジェーン・オースチンの小説で、『分別と多感』と訳されています。

この小説は映画の原作にもなっていて、有名なところで、2回映画化されています。ひとつは『ある晴れた日に』で、これは原作をほぼ忠実になぞっています。もうひとつがアン・リー監督の『グリーン・デスティニー』。これは舞台を中国に置き換えたものでした。

どちらの映画も、主人公となる女性ふたりの性格を「分別」と「多感」として描いています。「理性」と「感受性」の相克を主題としたストーリー展開、と言い換えても同じことです。

senseは「感覚」一般を意味していますが、sensibilityはそれよりも「繊細さ」「感じやすさ」の傾向が強くなります。

のつぶやき
「君の扇子、いいセンスしてるね」(You have good taste in paper fans.) なんて言われた日にゃ、ユーモアのセンス(a sense of humor)を疑っちまう。

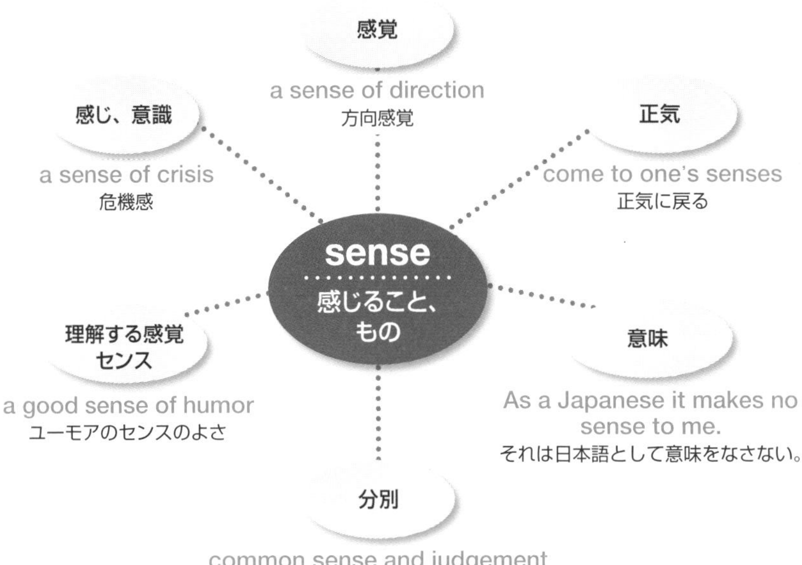

練習問題 **sense** に注意して、以下の文の意味を考えてください。

1. The president keeps saying how certain he is about things. But you can't always be certain when you're frequently wrong. It doesn't make **sense**.
2. We should redeploy troops to where the terrorists actually are. That would make **sense**.
3. You must be out of your **senses** to want to go out in these tropical force winds.

（解答は *p*.248）

コラム

消えゆく接続詞 … Or is it?

市川公美

大学時代の英作文の授業で一度だけ、アメリカ人の先生がクラスの前で私の作文を模範例として読んでくれたことがあった。何を書いたか忘れたが、接続詞 conjunctions を使い分けた文章だった。アメリカの小学校でも、作文の授業では and、but 等の基本単語の他、first、lastly、in conclusion なども使い、文章の流れをはっきりさせる訓練を受ける。今でも接続詞には気をつけているが、せわしない世の中、新聞や本でこの接続詞に出くわすことはあまりない。前の文章と後の文章がどうつながるのか、肯定なのか否定なのか解釈に苦しむこともある。背景を知っている読者は難なく読めるのであろうが。

文脈、コンテクストが大事である。コンテクストでいうと、数学の集合で and と対照的に使われる or は用途が非常に広い。A or B で A も B も OK 。すなわち A + B ということもあれば、"To be or not to be" でおなじみのように、二者択一にもなる。また、Study now or you will face the consequences.（勉強しておかないと後で大変な目にあうよ）となると前の文の帰結（時間差がある）が後の文になる。中でも、日本人の翻訳でよく誤訳を見かけるのが、A or B が A = B である例だ。すなわち、専門用語をやさしく言い換えたりする単純な言い換えで、「または」ではなく「すなわち」などと訳さなければならない。さらに、例えば exporting crude oil or being paid in US dollars（原油の輸出、すなわち米ドルでの決済）などというときは、A の行為が結果として B になる（時間差はない）。
その他、拙稿のタイトル「消えゆく接続詞・・・Or is it?」などのように、「消えゆく接続詞」という論点を打ち消して、「本当にそうでしょうか？」「やっぱりそうではないですよね！」などという反語的ニュアンスを出すために使ったりする。

さて、アメリカの小学校で教える persuasive writing では、最初に自分の立場を明らかにし、その正当性について相手を納得させる。このように明瞭かつ説得性がなければならない文書では、接続詞はどっこいしっかりと生きている。

〔市川公美：投資銀行、格付け会社などを経て、現在は 401(k)（確定拠出型年金）等退職口座のアドバイザー。コロンビア大学経営学修士（MBA）。日本の英語を考える会（NNE）理事〕

名詞
sense

23 目は口よりも人間関係を物語る

eye

形 **名** 動 副

eye のコア

eye のコアはもちろん「目」です。身体の部位としての「眼球」「目元」を表すことがあります。また、比喩が関与することで意味がさまざまに拡張していきます。「目」に似たものを表すと、「芽」「針の穴」「台風の目」になります。これは、人間の器官としての「目」ではありませんが、相似による比喩になっています。

また、「目つき」「まなざし」「視線」という意味もあります。これは「目」それ自体から「目の働き」へと意味がシフトしている例です。「目つき」とは、器官としての「目」がそれを見る者にどう映るかを表しています。「まなざし」「視線」は、器官としての「目」の動き方や動く方向などに着目した意味です。「眼識」「目配り」の意味も同様に考えるとよいでしょう。

ケース1 人間関係を表す eye

① meet the eye

日本語で、「目は心の窓」という諺があります。人の目をじっと見ていればどういう人かわかる、ということです。英語でも、人間関係を表す表現に「目」が使われる例がかなり多いのです。

There is more to him than meets the eye.

直訳するなら、「目で見えるだけではないところがある（人）」、つまり、「裏がある（人）」とか「陰の部分がある（人）」とか、うわべには見えない「訳ありのところがある（人）」ということになります。

Now to the 'black eye' at CBS News.「次は CBS ニュースの不名誉な件です」。black eye には「面目がないこと、評判が傷つくこと」の意味があります。

訳：彼は**うわべの見せかけ**とは違う人です。

② see eye to eye 人間関係の比喩に

次は、人間関係の比喩に eye を使用したものです。

The two don’t see eye to eye.

これは、「目と目を合わそうとしない関係」ということで、「仲が悪い」になるでしょう。

訳：ふたりは**目を合わせようと**もしないほど不仲だ。

eye を用いた慣用表現

① eye candy

新語がブームになることが、英米圏でもよく起こります。一時的にもてはやされるものの、その後、消えてしまうこともあるし、また定着することもあります。eye candy という言葉もそうでした。20 年ほど前に、CNN の番組で「今年の新語」として取り上げられた言葉で、いまでも定着して使われています。

eye candy は、目を楽しませるということで、「**見かけ倒し**」という意味。見た目は素晴らしいが中身はそれほどでもない、ということですから、注意して使ったほうがいいです。

eye candy と同様に、体の部位と candy を組み合わせた言い方があります。ear candy と nose candy です。前者は easy listening のことで、「イージーリスニング」という日本語にもなっています。つまり、耳障りでなくすっと聞ける音楽のことです。後者は、覚える必要はないかもしれませんが、鼻から吸うことから「コカイン」のことです。

こんなふうに人間の体の部分を比喩的に使う表現は「目」に限らず、他にもさまざまに存在します。

のつぶやき

「目は口ほどにものを言う」The eye is as eloquent as the tongue. ので、コミュニケーションは言語に偏りすぎるとよくないかも。

② public eye

ではまた、「目」に戻りましょう。

The famous politician's two daughters have stayed out of the public eye.

「その有名政治家の娘ふたりは、公共の目に触れる場所には近寄らなかった」というのが直訳です。だとすると、**public eye** は、日本語の「**衆目**」という言い方とぴったり一致します。

訳：有名な政治家の娘ふたりは**衆目**にさらされることを避けてきた。

③ with one eye on one's career

では、次の例文を比喩に注意しながら訳してみましょう。

His decision to marry the wealthy heiress was made with one eye on his career.

訳：巨額の資産の相続人である娘と結婚するという彼の決断は、一方で自分のキャリアを**にらみながら**のことだった。

仕事の上での出世も「にらみ」つつ、お金持ちの娘との結婚を決めた、といういわゆる「逆玉狙い」です。

④ 目玉が飛び出る！

「目」を使った表現のなかには、そのまま訳しても意味が通じるものも少なくありません。次も、同様の例です。

The President was attacked by the opposing politician on the issue of eye-popping health care costs.

訳：大統領は、反対派の政治家から**目が飛び出るくらい**高い医療保険費の問題について攻撃された。

つまり、比喩を構成するための発想が、日本語と英語の間で共通しているものが多いということです。

eye-opening experience と言えば、「本当に目からウロコが落ちるような体験」のこと。

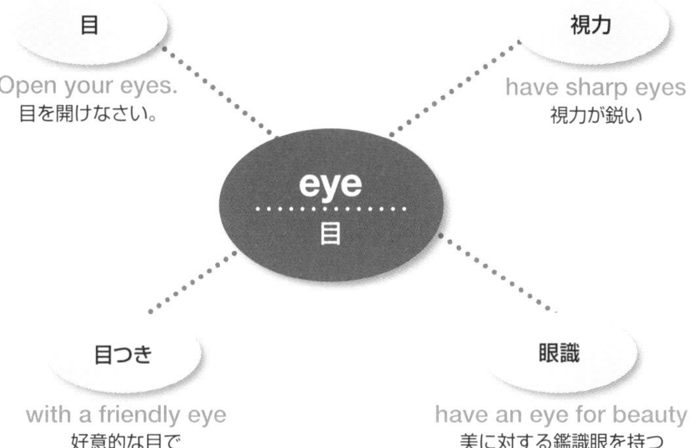

名詞
eye

練習問題 **eye** に注意して、以下の文の意味を考えてください。

1. ‘An eye for an **eye**, a tooth for a tooth’ is a famous quote from Hammurabi’s Code of Laws.
2. The PR agent came up with an **eye**-catching phrase.
3. She is such a delightful person, and not just what meets the **eye**.

（解答は *p*.248）

食いしん坊の僕とツル先生は料理をつい注文し過ぎちゃう。My eyes were bigger than my stomach.「こりゃ食べきれんぞ」ってことに。

24 「支配される」のも「立ち会う」のもなぜか hand

hand

形 **名** **動** 副

hand のコア

hand のコアは「手」ですが、比喩が関与して意味が拡張します。「手伝い」「手助け」は「手」を貸す行為、「働き手」は「手」を使う人、「手際」は「手」の使い方、「所有」「掌握」「管理」は「手」を使う行為を、それぞれ指しています。このぐらいの意味の拡張の仕方を押さえておけば、あとは自由に意味が考えられるようになるでしょう。

see one's hand であれば、手のなかに持っているものを見る、つまり「手の内を見る」、give a hand だと「拍手する」という意味です。on hand は、手に触れた状態から転じて「手近に」になりますし、in hand は、手のなかにある状態から転じて「手にして」「支配下にある」になります。また hand を動詞として使えば、「手渡す」という意味になります。

ケース 1 日本語でも英語でも同様な比喩的な意味で使われる hand

① 手の内

hand を使って、ある政治家がこういう言い方をしていました。

He did the best he could with the hand that he was dealt.

カードゲームの持ち札として「配られた」札がそもそも不利なものばかりだったという状況の中でも最善を尽くした、との意味です。

権謀術策が渦巻くといわれるワシントンでの hand と言えば、ベテラン政治家を表します。「手だれ」、「手慣れている」に通じるでしょうか。

訳：自分に与えられた**手の内**で最大限の努力をした。

また、次のようなものもありました。

He played his cards close to his chest to keep anyone from seeing his hand.

どちらも、トランプのゲームに喩えているのでしょう。アメリカでトランプと言えば、もちろんポーカーです。訳してみましょう。

訳：他の人に**手の内**を見られないように、慎重に行動した。

② 手中に　in the hands of...

前置詞を in を用いて、 **in the hands of...** にすると、

Antony was completely in the hands of Cleopatra.

絶世の美女クレオパトラはローマの将軍まで美貌で支配したとシェークスピアの戯曲にありますね。hand を使って表現しました。

訳：アントニーは完全にクレオパトラの**手中に**あった。

ケース 2　hand を用いた慣用表現

① give... a (big) hand

演説を聞いていて、その最後に司会者が聴衆に向かってこう語りかけていました。スピーカーが男性でしたので、次のようになります。

Let's give him a hand. / Please give him a big hand.

これは、よく聞く決まり文句です。

訳：**盛大な拍手**をお願いします。

ただし、give me a hand は lend me a hand と同じで、「手を貸してよ」が元の意味です。

「手巻き寿司」は hand-rolled sushi。cucumber roll「かっぱ巻き」、rice and seaweed roll「太巻き」、California roll「カリフォルニア巻き」もあるよ。

② Close at hand.

次のケースはどうでしょう？

Stay close at hand.

訳：**そばに**いて。

close at hand というのは「**手の届くところ**」すなわちすぐ近くに、という意味です。すぐ近くにとどまっていて、と頼む表現です。

Dusty Springfield のスタンダード・ナンバーに、*You Don't Have to Say You Love Me* があります。日本語では「この胸のときめきを」というタイトルでの歌詞にも close at hand が「**そばにいて**」という意味で使われています。

③ on hand

先の例は in と hand の組み合わせでしたが、それでは on hand はどういう意味になるでしょうか？

Lions Gate Entertainment has moved to the New York Stock Exchange. Lions Gate officials were on hand to celebrate.

「**現場にいて**」お祝いをしたと、**on hand** が示しています 。

訳：ライオンズ・ゲート・エンタテイメントはニューヨーク証券取引所に上場となりました。ライオンズ・ゲートの幹部はお祝いに**その場に**来ました。

アメリカン証券取引所よりニューヨーク証券取引所のほうが格が上なのです。ライオンズ・ゲート・エンタテイメントというのはディズニーと取引のある重要なエンタテイメント企業ですが、この晴れの日に「会社幹部はお祝いに立ち会いました」ということです。

入院して How am I doing?「容態はどうか」と聞き You are in good hands.「任せておけば大丈夫」と言われたら一安心。「良い手の中にある」は守られているというニュアンス。

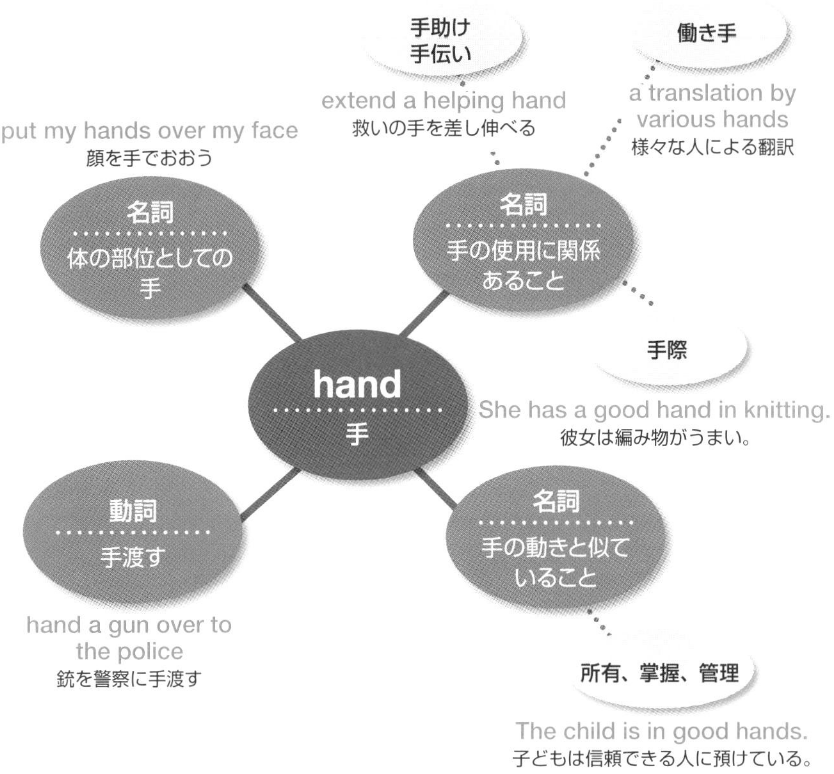

put my hands over my face
顔を手でおおう

名詞
体の部位としての手

extend a helping hand
救いの手を差し伸べる

手助け 手伝い

働き手

a translation by various hands
様々な人による翻訳

名詞
手の使用に関係あること

手際

She has a good hand in knitting.
彼女は編み物がうまい。

hand
手

動詞
手渡す

hand a gun over to the police
銃を警察に手渡す

名詞
手の動きと似ていること

所有、掌握、管理

The child is in good hands.
子どもは信頼できる人に預けている。

名詞
hand

練習問題 **hand** に注意して、以下の文の意味を考えてください。

1. He was so busy that I decided to give him a **hand**.
2. She just has so much on her **hands** right now.
3. With the **hand** that you were dealt, that is the best you could do.

（解答は p.248）

hand-to-mouth life と言えば「その日暮らし」。「宵越しの銭は持たねぇ」なんて粋な江戸っ子の心とは逆で、わびしい響きがあるなぁ。

25 大事な「こと」、重要な「問題」も thing！

thing

形 **名** 動 副

thing のコア

thing のコアは「もの・こと」です。①「もの・物体」という意味から派生して「持ち物」「道具」に、②「こと・状況」という意味から派生して「(形容詞とともに使い）……なこと」「(漠然と行為・状況・考えなどを述べて）……ということ」「風物」「流行」になります。さらに、③修飾語を伴うと「人」「生き物」になります。

thing 自体が漠然と「もの」や「こと」を表しますので、thing を修飾している語句や文脈からいかようにでも訳すことができます。また、The thing is...は、「(質問などを受けて）実を言うと……」「問題は……」「大事なことは……」ほどの意味になります。

ケース 1 「もの」のイメージが残った thing

① not a thing 何ひとつとして

大人数の旅行で人気があるビュッフェ形式の食事付の旅行。しかし、あるときアメリカのホテルでこんな経験をしました。

> **Not a thing** was left! The people before us took everything away.

前夜遅くの到着で朝食が楽しみだっただけに、愕然としました。前に来た団体客が残っていた食事を持ち去ってしまったのです。

訳：**何ひとつとして**残っていなかった。前にいた人たちはすべて持ちさった。

when things get tough「状況が難しくなったら」。交渉の通訳などでは、本当に折り合いがつくのか、最初から心配になることさえあります。

② One Thing, Just One Thing――訳しづらい thing

日経 CNBC の経済番組 *Squawk Box* を見ていると、毎回、番組の終わり付近で、"One Thing, Just One Thing"とコーナー名が流れてきます。声は、在りし日のジョン・ウエイン。MC の俳優は、今でもアメリカの人気者のようです。

日本のテレビふうに、このコーナーを命名したらどうなるでしょうか？「今日の一言」くらいでしょうか。このシーンが流れたあとで、スタジオにいるレギュラーや当日のゲスト全員に、一言ずつコメントしてもらうというコーナーだからです。

ケース 2 重要なことを表す thing

① 肝心なこと、重要なことを表す

次は、**the thing is** を用いて「**肝心なこと**」を表す言い方です。大切な用事のときに遅刻してしまうと、次のように言われます。

But the thing is, you need to be on time.

訳：**肝心なことは**、時間通りに来ることだよ。

thing にはこういう使い方もあるのです。通訳者はなおさらのこと、1分 1 秒たりとも遅れてはいけません。遅刻は厳禁！

もう一例見てみましょう。

The thing about him that struck me is his sincerity.

訳：彼について**最も**印象的**なこと**は、その誠実さだった。

「**とりわけ大事なこと**」と言おうとするときに使える表現です。

②「例の……の問題」を表す this... thing is...

いまだにアメリカで政治家や有名人がスキャンダルになるのは、お金の問題が大きいです。

things-to-do list は「やることリスト」。単に to-do list と言うことが多い。ツル先生は同時通訳の実務と大学教授職の両方をこなしておられるのでこのリストは endless かも。

How much do you think this money thing is going to play into the next election?

この場合は「例のお金の問題」くらいの意味でしょう。こういうふうに、「そのもの」という使い方を日本語でもしますが、英語でもよくあります。

訳：次の選挙でのお金問題の**重要度は**どう思われますか？

ケース 3 「ものごと」を表す things

あるテレビ番組での生同時通訳のときのことです。キャスターが次のように言っているのが聞こえてきました。

It seems that things are not going better with Coke these days.

瞬間に、「どこかで聞いた文句だったな？」と思ったけれども、その場のとっさの判断で訳さなければならないので「最近、コカ・コーラを飲んでもあまりいいことがないみたいです」と訳してしまいました。

この日はコカ・コーラの株価が下がっていたので、キャスターはそれにひっかけてコメントしていたのです。そこまではわかったのですが、このコーナーが終わってCMに入ったところで、気づきました。「そうだ、これはCMのパロディだったのだ」と。

Things go better with Coke.

これは、コカ·コーラの有名なコマーシャルの惹句です。日本語だと「スカッとさわやか、コカ・コーラ」。

だから、時間が許すなら以下がほんとうの意味の正解でした。

訳：コカ・コーラ社も、いつもスカッとさわやか、とはいかないようです。

The thing is, you have to keep trying.「コツはね、決して諦めないこと」という具合で、何かを成し遂げるにはやはり強い意思が必要かな。

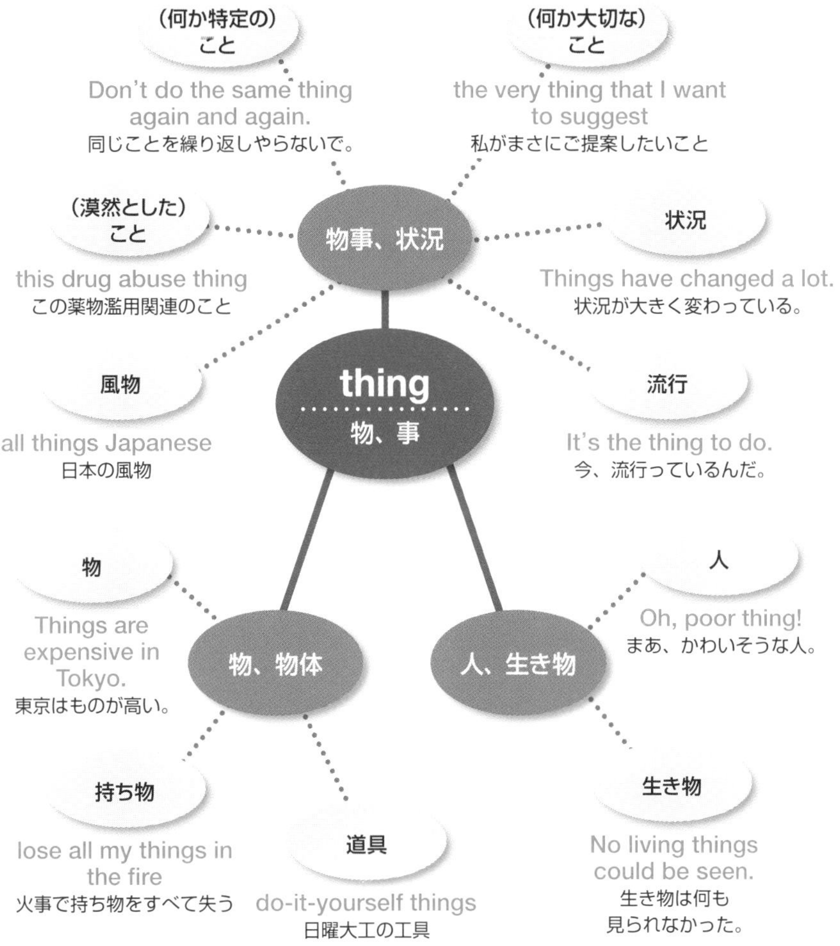

thing
物、事

物事、状況

（何か特定の）
こと
Don't do the same thing again and again.
同じことを繰り返しやらないで。

（何か大切な）
こと
the very thing that I want to suggest
私がまさにご提案したいこと

（漠然とした）
こと
this drug abuse thing
この薬物濫用関連のこと

状況
Things have changed a lot.
状況が大きく変わっている。

風物
all things Japanese
日本の風物

流行
It's the thing to do.
今、流行っているんだ。

物、物体

物
Things are expensive in Tokyo.
東京はものが高い。

持ち物
lose all my things in the fire
火事で持ち物をすべて失う

道具
do-it-yourself things
日曜大工の工具

人、生き物

人
Oh, poor thing!
まあ、かわいそうな人。

生き物
No living things could be seen.
生き物は何も
見られなかった。

名詞
thing

練習問題 **thing** に注意して、以下の文の意味を考えてください。

1. Don't make such a big **thing** out of it.

2. I want to make sure that **things** are getting in line at work.

3. So, what do you say about this next big **thing**?

（注：新製品の発表を前にしているときの発言とします）

（解答は *p*.248）

「全然似てないよ」っていう表現は not look a thing alike。She is my sister. Really? You two don't look a thing alike. などと言える。

26 「道」の向こうに見えるのは「手段」「手法」「やり方」

way

形 **名** 動 副

way のコア

way のコアは具体的な「道」ではなく、「(今ある地点から目指す地点に移動する) 経路」という抽象的な意味です。身体的な移動の経路であれば「道」、行動の経路であれば「方法」、思考の経路であれば「意味」「点」、ものの見方の経路であれば「観点」となります。個人や社会に固有なやり方という文脈では、「習慣」「風習」の意味にもなります。

やり方を示す way

① That's the way... これぞ……のやり方

way は一般的に「道」のことだと思っているかもしれませんが、次の way は「道」という意味ではなさそうです。

That's the way to do business.

この場合は way は「やり方」ということで、「これぞ商売の**やり方**さ」という意味です。

② this way こんなふうに

昔、テレビのトーク番組の司会者が、次のような言い方をしていました。まだ、携帯電話が今のように高機能になる前の話です。

のひとこと
ひいきのチームに「それ行け！」と応援するときのセリフは Way to go!
これとは反対なのが Things get in the way.「邪魔が入った」。

Would it be greedy of us to ask for one more feature on our cellphone? Let me put it **this way**: along with phone calls, e-mails, MP3 downloads, and web page access, wouldn't it be swell to also get a nice fresh slice of toast?

訳：携帯電話にこんな機能まで望むのは欲張りすぎでしょうか？　**こういう言い方**をしましょう。電話をかけたりメールを書いたり音楽を MP3 でダウンロードしたり、ホームページを見たりする合間に、トーストした熱々のパンも食べられたらいいね。

③ 言い分を通す way

頑固な人だったら言いそうなことですが、この way をどう訳したらいいでしょうか？

If I could have my **way**, I would want to have that now!

なかなかうまい way の使い方です。

訳：自分の**言い分**を通せるものならば、今通したい。

way はこういうふうに、「道」以外にも「**手段**」「**方法**」「**やり方**」などという意味で、多様な場面で使われます。

・・・・・・・・・・

Way を使って英作文三題

それでは次のふたつの日本語の文を、way を使ってどう英訳するか、考えてみてください。

・あなたのそんなやり方には、もううんざりだわ。

・君にはもっと、君にふさわしい生活があるはずだ。

なんだか夫婦げんかの別れの言葉のようにも聞こえますけれど、次のように訳すことができます。

No way! って表現は、「絶対イヤダ」、「ダメだ」、「無理だ」など強い否定や不信を表す。今的には「ありえねェー」って感じ。

前者はこうです。

I'm tired of your way of doing things.

いっぽう、後者は次のようになります。

I'm sure that there's a way of life more suited to you.

ついでに、way を用いて次の日本語の文を英訳してみましょう。

君には大いに期待している。収益を2倍に伸ばすいい方法を思いつくのではないかと。

下記がその英訳の例になります。

I have high expectations of you in a big way. I am sure you can come up with a way to double our profits.

練習問題 **way** に注意して、次の文の意味を考えてください。

1. I like you in a big **way**.
2. I felt I went out of my **way** going to such an expensive place.
3. Where there is a will there is a **way**.

（解答は *p*.248）

27 「最終」段階ではなく、最初の段階を「終わろう」としている

end

形 **名** **動** 副

end のコア

end のコアは「細長いものの端」です。そこは「行き着くところ」でもあるので、時間的な「終わり」「終了」ばかりでなく、「端」「末端」「切れ端」「最後」「限界」「最期」「死」などの意味になっていきます。また「目的」「目標」という意味にもなります。

in the end は「終わりのところ」で、という意味から「結局は」になります。make (both) ends meet という表現は、貸借対照表のいちばん下の部分 ends をピタッと合わせるという意味から「収支を合わせる」という意味になります。

ケース 1 終わりの end

映画が終わる際、the END の字幕が出ることが多いですが、これを翻訳すればもちろん「終」です。end が動詞になれば、「終わらせる」「これまでだ」という意味です。

以下は、プレゼンテーションを終えるときの決まり文句です。

That's the end of my presentation.

Thus, I would like to end my presentation.

名詞で使っても動詞で使ってもどちらも「終わり」「終わらせる」の意味です。

ケース2 行き着くところ

① in the end

アメリカのテレビドラマを見ていたら、次の言葉に出くわしました。恋に破れそうな女性が嘆いた言葉です。

But in the end, to what end?

彼のために一生懸命、大学院を出て身が立つようにするためにと影になり日向になり尽くしてきた彼女。でも彼は別の女性を選んだのです。

She did all she could to the best of her ability to help him finish graduate school.（彼女は彼が大学院を出られるようにすべてできる限りのことをして尽くした）。**But in the end, to what end?**

訳：しかし**結局のところ**、それが何**になった**というの？

endというと、一般的に「終わり」という意味になりそうですが、ここでは「行き着くところ」という意味になるのです。そうしないと意味が通じないでしょう。

「end＝終わり」と無理やりあてはめようとすると、「終わりにはどういう終わりになるの？」という、まさしく終わっている訳になってしまいます。

② the end of a beginning

アメリカのトーク番組のなかで、解説者が新型コロナの状況をこう言っていました。

It's not the beginning of the end, but the end of the beginning.

直訳すると、「終わりの始まりではなく、初めの部分の終わりなのです」となりますが、これではいかがなものか。

この言い方は、トーク番組やニュース解説でよく耳にします。解決困難な問題について使われる表現で、まだまだ時間が必要であって、とても解決が近いとはいえない、ということです。元はチャーチルが戦争の勝利は

「金の切れ目が縁の切れ目」。さぁ、英語では？　The end of money is the end of love. と言う。

かくも難しいとの表現に使ったものです。

訳：最終段階に入ったのではなく、まだ**最初の段階が終わろうとしている**ところです。

ケース3 目的の end

一方、次は両方とも「目的」の意味になります。

That is not an end in itself.

訳：それ自体が**目的**ではない。

It was a place where history could be manufactured for political ends.

訳：そこは政治**目的**のために歴史が捏造された場所だった。

ケース4 end を使った慣用句 make ends meet

あるインタビューでのこと、いまは有名になっているスターの駆け出し時代のエピソードが語られていました。その一節です。

He needed to make ends meet.

これは、not a penny on him（一文無し）というくらい貧乏だった、という意味になりそうです。

Beatles の曲、*Lady Madonna* にも、たしか同じ表現がありました。直訳すると「端を合わせる必要がある」この文脈では「帳簿の上での帳尻をあわせる」となりますが、続く歌詞に「とても貧乏だった」という表現があるので、類推がつくと思います。**make ends meet** は「**やりくりする**」ことです。

訳：生計を立てるため、**やりくりしなくては**ならなかった。

What matters is the end result.「肝心なのは最終結果」というのは本当。

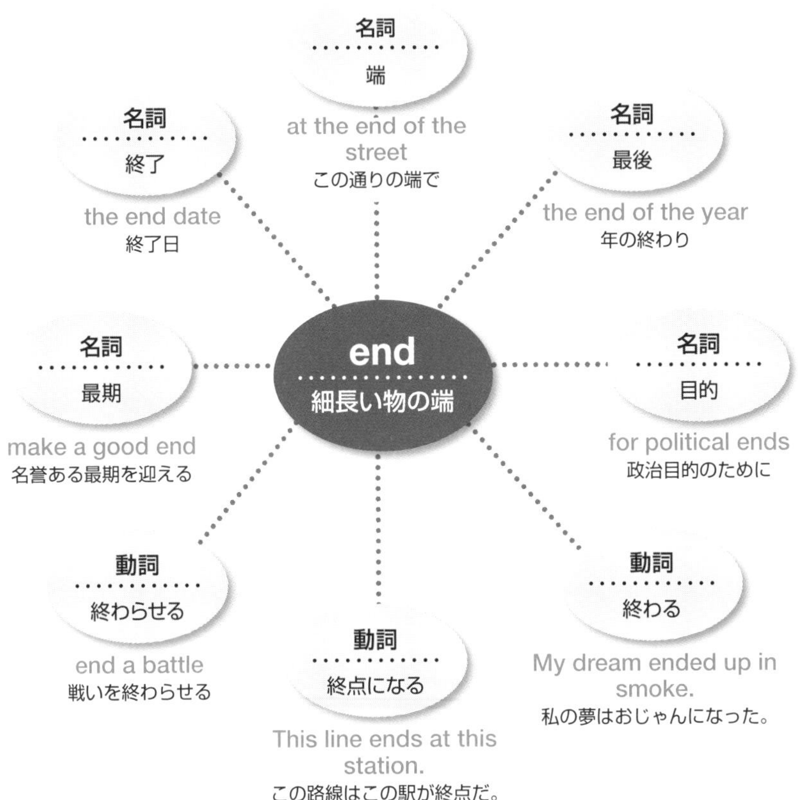

練習問題 **end** に注意して、次の文の意味を考えてください。

1. In my newlywed days, I was hard pressed to make **ends** meet.

2. To be famous was his only **end**.

3. *Love will begin when Money* ***ends***（テレビドラマのタイトル）

（解答は *p*.249）

28 「声に出して呼んで告げる」ことから意味が広がる

call

形 **名** **動** 副

call のコア

call のコアは動詞で「(大きな声で) 呼ぶ」で、大きく分けると、① 声に出して呼ぶ、②呼んで告げる、の意味があります。①からは「呼ぶ」「呼び寄せる」「電話する」、②からは「……と呼ぶ」「……と見なす」「指令する」「判定する」という意味が派生します。名詞だと、「呼ぶ声」「電話をかけること」「人を起こすこと」「訪問」の意味になります。

名詞形の **call** のユニークな意味

① make a cash call

金融関連のニュースを見ていたら、こんな表現に出会いました。

> Soccer team Juventus **made a cash call** to stay afloat.

この call はどういう意味でしょうか？　この文脈では「現金呼び出し」とは思えないので、「資金を募った」ということです。コロナ渦にあって移動が制限されるなか、スポーツの世界も大きな打撃です。観客が集まらないと収入がはいりません。問題は多くの業界におよんでいます。

訳：ユベントスは資金繰りのために（株主から）**増資を募りました**。

call には、「往診」という意味もあります。コロナ渦で医療施設が逼迫して入院もままならないという状態もありますが、そうかといって医師が **house call**「**往診**」というわけにもなかなかいきません。

② contest a call

アメリカを代表するピッチャー、ロジャー・クレメンスにまつわる逸話です。

Roger Clemens got into trouble while watching his son play in a ten-and-under game when he contested a call and spit at the umpire's legs.

この投手は、子沢山で子煩悩であることでも有名です。ヤンキースにいてもう引退するというところだったのですが、ヒューストン・アストロズに行けば少年野球も見ながら野球ができるという好条件で、ヤンキースのファンに恨まれながら移籍したという、いわく付きの選手でした。

彼がリトルリーグの試合を見たときのエピソードなのですが、この call は「電話」でもないし、もちろん「訪問」でもありません。call は「判定」で、contest a call は「判定に抗議する」という意味になります。

訳：ロジャー・クレメンスは自分の子どもがリトルリーグの試合に出ていたとき、**判定に抗議して**審判の足下につばを吐きました。

審判の call「判定」が気に入らなかったのです。不埒な態度をとったクレメンスが、その後どうなったのかを紹介しましょう（ちなみに、the Rocketは剛速球を投げることからつけられた、クレメンスのあだ名です）。The Rocket was ejected from the game, and, in accordance with the ten-and-under rules, had to write "I will act my age" 100 times on the blackboard.（ザ・ロケットは退場とされ、リトルリーグの規則に従って「年齢に応じた行動をします」と 100 回、黒板に書かされました）。

しかし、子煩悩な彼は子どもの野球の結果が気になって、駐車場からずっと試合を見守っていたそうです。

電話をかけてつながらないとき録音フレーズで流れてくるのが Thank you for calling...「お電話ありがとうございます」。「仕方ない」と need to call back later 後でまた電話する。

③ a close call

「危機一髪」を意味する a close call という言い方もあります。併せて覚えておきましょう。例えば、車を運転していて突然飛び出してきた自転車とあわや衝突となりそうだったとき。

I almost ran over that bicycle. That was a really **close call.**

訳：危うく自転車を轢くところだった。本当に**危なかった**。

名詞

call

練習問題 **call** に注意して、次の文の意味を考えてください。

1. The election is too close to **call**.

2. The player's **call** to strike struck a chord with baseball fans.

3. I won't answer his **call**.

（解答は *p*.249）

He answered the call of duty. と言えば「彼は兵役義務に応じた」か、あるいは「彼は天命に応えた」かいずれかの意味です。

29 「支配」したがるコワイことば

control

形 **名** **動** 副

control のコア

control のコアは、動詞で「うまく管理する」です。そこから「管理する」「(機械などを) 操作する」「(仕事・作業の流れなどを) 制御する」「(人の感情などを) 抑える」「(会社・活動などを) 支配する」などの意味が出てきます。名詞だと、「支配」「管理」「運営」「監督」「指揮」「統制」から、「抑制」「制御」「制限」「操作」へと、さらには「統制手段」「制御装置」などへと意味が広がります。

ケース1 under control

東京でのオリンピックは予定の 2020 年から 1 年遅れて開催されましたが、思えばオリンピック招致のときの当時の総理のアピールは下記のものでした。

We have the situation under control.

この control の意味ですが、「支配」「管理」「運営」など色々、考えられますが、どれが適当なのでしょうか。2013 年当時、「アンダーコントロール」とそのまま、カタカナで表現されている例も見当たりましたが、いちばん多かったのは次の訳でした。

訳：状況は、**統御されて**います。

この場合の under control は「統御して」の意味です。オリンピック招致で、福島での原発事故から完全に立ち直ったのを示す復興五輪のはずがパンデミックへの対応に追われることになりました。

This machine is out of control. は「この機械は制御不能」。

The issue of utmost urgency is to get the pandemic under control.

訳：現段階での最優先課題は，パンデミックを**制御下に**おくことだ。

この意見に異を唱える人は少ないでしょう。そのためには、ワクチンが有効というのも、under control を使って言うことができます。

Vaccination is the most effective way to get COVID-19 under control.

訳：ワクチン接種こそ、新型コロナを**収束させる上での**最も効果的な方法だ。

名詞 control

ケース2 カタカナ語になった「コントロール」

「コントロール」はすでに外来語として定着していて、カタカナのまま使うこともあります。野球だったら「制球」がいい、悪い、という使い方をします。あのピッチャー、ひどいコントロールだね、などというようにも使いますね。颯爽と二刀流を貫く大谷選手はこういう批評にはさらされていませんが。

こういう例もあります。air traffic control というのは、「航空交通管制」のこと。この control は「管理」でしょう。

ケース3 「管理」できるか「制御」できるか

2021 年 1 月の連邦議会襲撃事件のきっかけは 2020 年の大統領選挙で実はトランプ氏が勝利したと信じ込むトランプ支持者が引き起こしたものでした。1 月 6 日、襲撃にあって一時議会は大混乱に陥りました。掌握できないことを lose control of... で表すことができます。

Capitol police had lost control of the building on January 6.

訳：議会警察は議会の建物を**掌握下におけなくなっていた**。

control freak は「支配魔」のこと。病的にすべて支配したがる人っているでしょ。男は意外とみんなこの control freak かも ?! 支配欲の塊だから。

ブラックライブズマター（BLM）の運動の高まりで，白人警察官への反感が強まった結果、ミネアポリス市では警察の解体すら取り沙汰されるほど、警察には逆風が吹きました。

もっとも、同じ control を使っていても、「管理」と言ったほうがしっくりする場合もあります。

He has the situation **under control.**

訳：彼は事態を**管理下に**置いている。

スポーツ選手の例で、アメリカの有名な体操選手のシモーヌ・バイルズ選手やテニスの大坂なおみ選手がメンタルヘルスの問題を訴え、スポーツ選手のメンタル面がいかに重要であるのかが話題になりました。

自分自身の精神面を管理できているかという意味で、mental control という言い方が使えます。

It is important for athletes to have mental **control** over themselves.

訳：アスリートにとっては自分の精神面の**管理**が重要です。

東京オリンピックで一部の競技にしか出ないという選択をしたバイルズ選手は「絶対女王」と言われていただけに大きな衝撃を与えましたが、心と技が一致しない状態を本人が「ツイスティ」という表現で表し、怪我につながりかねない危険な状態であったと言うことです。

練習問題 **control** に注意して、次の文の意味を考えてください。

1. I am at a loss. Things are out of **control**.
2. The king ordered his men to take **control** of the city.
3. She has lost **control** of her son.

（解答は *p*.249）

I couldn't control my anger.「私は怒りを抑えることができなかった」。こういうふうに「抑える」という意味もあります。

ミニコラム

ものごとは管理下において

ビジネスでよく言われることばのひとつに、「get things under control」があります。直訳すると「ものごとは管理下において」ですが、言い換えると自分の能力の範囲内で管理できるように事業を運営していくようにという助言です。

私はついつい欲張って I bite more than I can chew.「噛むことができる以上の量を噛もうとする」すなわち「手に負えないことをしようとする」「できないことをしようとする」となってしまいますが、地道に成果をあげるには自分のやっていることが自分の範囲内で manage「運営する」ことができるかどうか、です。経営のことを management というのもここから来ていると思います。もともと、things under control すなわち「運営できる範囲においている」というのが、そもそも成功の始まりなのだと、このことばを聞く度に思い起こさせられます。

意欲的であるのは素晴らしいことなのですが、自分の首を絞めることにならないように、適切な範囲において under control であるか、どうかを確認しながら進めていくのが賢明なやり方です。

「亭主を尻に敷く」は She controls her husband completely. と訳せば通じるだろう。

30 混然一体となった「生命」「人生」「生活」

life

形 **名** 動 副

life のコア

lifeのコアは「(死に対する) 生」で、「生命」「人生」「生活」が渾然一体となった意味を持っています。そこから具体的な意味としては、「生命」「(個人の) 命、人命」「生物」「生活」「一生、人生」「(物の) 寿命、耐用期間」「伝記」「元気、活気、生き生きした状態」「実物、本物、実際、真実」などが出てきます。

では応用。life after deathは? ——「来世、あの世」。life insurance annuitiesは?——「終身年金保険」。life assessmentは?——「寿命診断」。life beltは?——「安全ベルト」。life drawingは?——「実物のモデルを描く写生画」。life ethicsは?——「生命倫理」。life expectancyは?——「平均余命」。life energyは?——「気」の一言でいいでしょう。

ケース1 ものの寿命にも使う life

使っているうちに、電子辞書の電池が切れてしまうことがよくあります。その「電池の寿命」のことをbattery lifeと言います。日本語で「命」という漢字があてられていますが、英語も同様です。lifeとは一定の期間をさして有効期限を表します。人の命の限り、すなわち一生涯有効という意味で使われているのはよく納得できる用例でしょう。

一生懸命勉強して資格試験に合格したとき、証明書を受け取ります。

This certificate is good for life.

訳：この証書は**一生**、有効です。

depreciation with a life of 5 years こんな言い方が出てきたら「耐用年数を５年と見た減価償却」という意味です。

これなら、頑張った甲斐があるというものです。

それからついでに、次のことも覚えておいてください。

気候変動の結果、数が増えていると言われるのがハリケーン。しかも、その規模も大型化して強度も増しているともいわれます。毎年夏になると、アメリカではハリケーンの被害が取り沙汰されます。一方、日本や東南アジアでは、台風やサイクロンの被害が心配されますが、もともとは発生場所が違うだけで発生の成りたちは同じです。発生場所がハリケーンは大西洋と東太平洋、台風は太平洋と南シナ海、サイクロンはインド洋とオーストラリア近海です。気象現象では竜巻被害も心配です。

How long is the life of a tornado?

訳：竜巻はどのくらい続くものなの？

ここは「命」と訳す必要はありません。

ケース2 人生全体を表す life

①「人生」を表す life

life が「人生全体」の意味で使われることもあります。life work は「ライフワーク」とカタカナでも書きますが、ひとりの人が全身全霊、一生かけての仕事をすることを指しますが、これはまさに「人生」を通じた「一生かけての仕事」を表します。

たとえば、ドキュメンタリー番組で、こういうナレーションが入ったとしたら、どう訳すでしょうか？　内戦に翻弄されて命からがら逃げ出したのち、数奇な運命を辿った人について言われたものです。

That was the story of a life.

訳：ある**人生**の物語でした。

② life in prison だから

裁判のニュースを見ていたら、この句が出てきました。意味は何でしょう？

「いやぁ、気苦労が絶えませんよ」なんて言うことも多いでしょ。英語では、My life is full of cares. と言えます。

He was sentenced to life in prison.

life in prison は「終身刑」のことです。

訳：彼は**終身刑**の判決を受けました。

そういえばこういうことがありました。放送通訳を始めて間もない頃、「70 回の終身刑に処す」という判決が出たことがありました。原文は以下のとおりでした。

sentenced to 70 life terms

咄嗟のことだったので、「え？ 人生は一度しかないのに、どうすれば 70 回の終身刑を受けることができるの？」と思いました。しかし、この判決は、きわめて重大な罪だという判断をこうした表現に託したのです。

ケース 3 活力のある life

テレビのリポートで出てきた元気のいい男の子を指して、キャスターがこう言っていました。この life を「命」と訳したのではしっくりきません。

He is full of life.

ここは、「元気」や「力がみなぎっている状態」のことです。

訳：彼は**活力**に満ちあふれています。

ケース 4 慣用表現

① dog's life

次の文は、決まり文句としてよく使われます。

I would never like to live a dog's life.

訳：**犬のような惨めな生き方**はしたくない。

犬が気の毒になりますが、喩えとしてどういう動物が使われるかを文化横断的に比較してみると、非常に面白いことになりそうです。

during the life of that project「プロジェクトの有効期間以内」と、こういうふうに「命」を表す言葉が無生物にも使えることが多いようです。

犬の生活が本当に惨めかどうかはさておき、a dog's life は「惨めな生活」という意味のイディオムですね。

② achievement of a lifetime

次の lifetime も「人生」という意味になるのでしょうか？　あるいは別の訳のほうがいいのでしょうか？

That indeed is an achievement of a **lifetime.**

これは achievement も含めて、カタカナ語でいう「ライフワーク」の意味です。カタカナ語も定着しているものは、訳語として有効に使っていいと思います。ただ、きちんとした日本語に直せばこうなります。

訳：これはまさに**一世一代**の偉業にあたるものです。

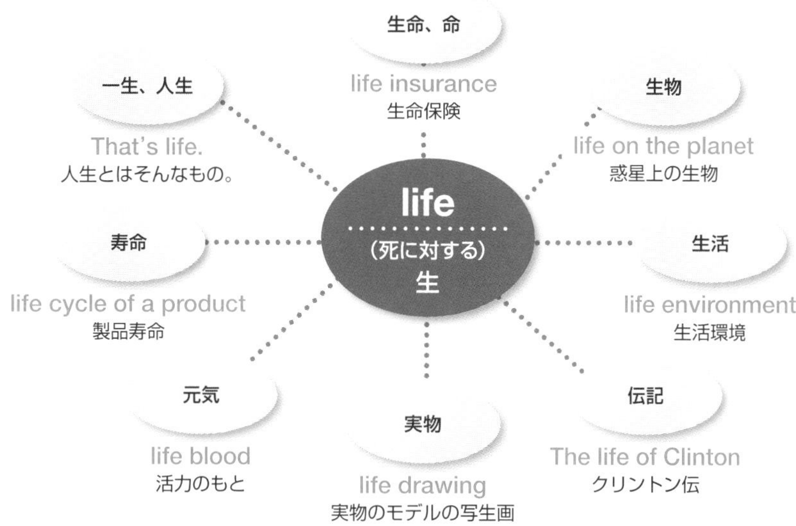

練習問題 life に注意して、次の文の意味を考えて下さい。

1. The **life** of this hurricane will depend on how long it stays over warm waters.
2. The **life** of Collin Powell gave inspiration to so many.

（解答は *p.*249）

「命あっての物種」。英語では、Where there's life, there's hope. です。10 代の子たちと接していると、この種のことを口にする場面も結構あるもの。

31 「線路」「道路」―豊かにふくらむ「線」のイメージ

line

形 **名** **動** 副

line のコア

line のコアは「線状の（細）長いもの」です。典型的な意味は「線」なのですが、さまざまな意味の広がりが生まれます。①「線状に感じられるもの」から「網」「ひも」「電話（線）」「線路」「導管」「路線」、②「分け隔てる線」から「境界線」「国境」「輪郭」「しわ」、③「線状に並ぶもの」から「列」「序列」「家系」「戦列」「横隊」「配置」「生産行程」「行」「台詞」、④「描かれた線」から「線」「〔スポーツ〕ライン」「〔美術〕描線」「〔音楽〕五線の1本」、⑤「線が示す方向性」から「進路」「方向」「方針」「種類」「専門」「興味」というふうに、line には本当に豊かな意味があります。

これらの意味を特定するのは、何と言っても「文脈」です。コアを文脈に当てはめて具体的な意味を得る発想に慣れてください。

ケース1 「回線」を表す line

テレビを見ていたときのこと、突然、嵐のために送電がストップして、画像が途切れてしまったのです。こういうときも line という単語を使います。キャスターがこう言っていました。

The line was cut off by lightning.

この場合はデータを送るためのテレビの「回線」を指しています。日本語にも「線」という言葉が入っています。

訳：**回線**が落雷のために中断しました。

credit line と言えば、銀行に勤めていた私はすぐ「信用供与の限度額」と思うけれども、テレビ番組の最後に出る関係者の名前もクレジットラインです。

ケース2 hold the line

電話をかけてきた相手に「待っていて」というときに、line を使います。これは、英会話の ABC でもあります。

Please hold the line.

訳：切らずに**お待ちください**。

覚えておきたい、咄嗟の一言です。会社に入ったばかりの新人が海外からの電話を受けたとき、すぐにでも使える一言ですから。

一方、電話がかからないときにも line が使えます。

The line is busy.

訳：話し中です。

line と staff

会社の話題が出たので、会社の組織としての「ライン」(line)と「スタッフ」(staff) という言い方を説明しておきましょう。

カタカナで使われるのが一般的ですが、もともとは経営用語です。いかに業務を効率化するかという、オペレーションズ・リサーチ（OR）という考え方から来ています。「ライン」は、たとえば営業といった現場の仕事をしている人のこと。「スタッフ」は、現場をサポートする経理・会計、あるいは人事・総務部門の人を指しています。これは、カタカナ以外では言いようがありません。

イディオム&慣用表現

① on the line

テレビのレポートでのこと、汚職した経営者がこういうふうに言われていました。この on the line はどういう意味でしょうか？

連想ゲームです。「在庫品」、「職業」、「家系」、「しわ」、「口癖」。さぁ何？
すべて英語の line の意味。でもコアがわかればヘッチャラ！

His credibility is **on the line.**

on the line はイディオムで、まさに瀬戸際に追いつめられたときに使います。ラグビーワールドカップで日本チームが善戦したことは記憶に新しいと思いますが、ジョゼフ・ヘッドコーチはスコットランド戦に勝利した日本チームのことを、次のように厳しく鍛えてきた成果だと述べました。

We put their bodies **on the line** every week but tonight they went to another level.

訳：**体力の限界まで**追い込む練習を毎週重ねてきましたが、今日は一段上のレベルにあがりました。

さて、先ほどのビジネスマンの話はこうなります。

訳：彼に対する信頼性は**危機的な状況に**あります。

信頼を失って、ビジネスマン人生が終わりか、というところなのでしょう。

② get across the line

ラグビーのジョゼフ日本ヘッドコーチは、選手たちについて次のようにも言っています。**get across the line** は「**限界を超える**」です。

The guys are confident they know what it takes to **get across the line**. The more we win, the more the confidence will grow.

訳：選手たちはどうやって**限界を超え**られるのか、いまや大いに自信を持つことができました。勝利を重ねればさらに自信を深めるでしょう。

ケース 5 動詞としての line

「ラインアップ」というカタカナ語もあります。たとえば、ずらりと街路樹が植えられている、という状況をどう表現しますか？　銀座には、柳が並んだ有名な通りがあります。

Willow trees **line** the streets of Ginza.

line-item veto という言葉を最初聞いて何？と思ったけど、「項目別拒否権」と訳されます。予算案全体でなく項目ごとの審議のときに使います。

訳：銀座の通りには柳の並木通りがある。

上記のように、line は動詞でも使えます。下の例文のように、ずらりと人が並んで待っている、ということなら「行列」という名詞を使うことができますが、柳が「行列」を作っているとは言えません。念のため。

There are people standing in a long line.

訳：長い**列**を作っている人々がいます。

これは、たとえば長い列に並んで、長いこと食料配布を待っている、というリポートなどで出てくる言い方です。

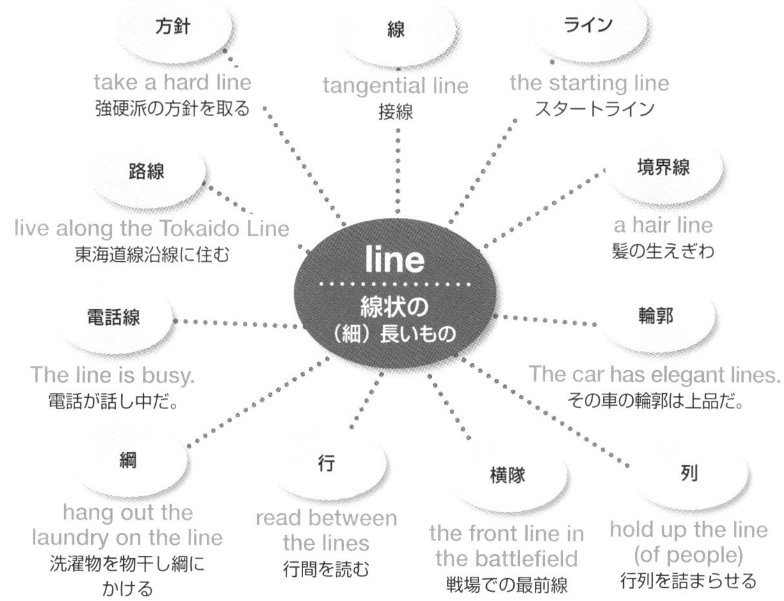

練習問題 line に注意して、次の文の意味を考えてください。

1. I was desperate to get him on the **line**.
2. The border is our last **line** of defense in keeping drugs out of this country.
3. I would never put my credibility on the **line** for such a petty thing.

（解答は *p*.249）

line of life は、手相だと「生命線」。通常は「生涯をかけた仕事」ということで「天職」。ツル先生は本当に通訳が天職のようです。

32 「機が熟した」time も裁判では「刑期」

time

形 **名** 動 副

time のコア

timeが「時」とか「時間」という意味になるのは確かなのですが、日本語とはやや異なるニュアンスがあります。①流れゆく時間、②線分として把握される時間、③特定の時点・時期、の大きく3つの意味があります。timeの「回数」「……倍」の意味について特記すれば、何度も繰り返される「時」が「回数」、何倍にもなる場合がそのものの【その「時」がいくつも積み重なれば】「倍数」と考えると了解できるでしょう。

Time を用いた特殊な意味と慣用表現

① your time has come

古い話になりますが、CNNの*THE BIZ*という番組で、2005年当時、おおいに話題を集めた製品が紹介されていました。

If you've been waiting and waiting to buy a TiVo, your time has come. The company is dropping the price of its 40-hours television recorder to one hundred dollars.

このyour timeを「あなたの時間」と訳してしまっては少し変でしょう。この場合の**your time has come**は「**機が熟した**」という感じで、今まで待っていてその甲斐があった、ということです。

訳：TiVoを買いたい、買いたいと待ち望んでいた方、**お待たせしました**。メーカーはこの40時間テレビ録画機の値段を100ドルに下げます。

take time outと言えば「タイムを要求する」こと。スポーツ関連の言い方ですが、会議が決裂しそうなときなどに比喩的にも使えます。

② My time has come.

timeは、時代の先端を闊歩している有名人が **My time has come.**「**今こそ、自分の時代だ**」と言うときにも使えます。まさしく、「我が世の春」です。The time has come for us to say goodbye.（お別れの時が来た）やIt's time for her to move on to a new job.（彼女にとって新しい仕事を探して次の段階へ行くときが来た）のようにも言えます。

③ 刑期を表す time

裁判のニュースのtimeは「刑期」を表します。「**刑期を務める**」は **serve time**。BLM運動で大いに話題を集めた裁判はジョージ・フロイドさん殺害事件の元警官ショービン被告の量刑ですが、22年半に決まりました。

> **Under Minnesota law, Chauvin will serve two thirds of the sentence in prison, and the remaining time on supervised release.**

訳：ミネソタ州法に基づいて、ショービン被告は刑期の3分の2を刑務所でつとめ、残りの刑期は監督下の監視におかれます。

④ time and again

ドラマの一シーンでtimeが使われていました。

> **Time and again, she repeated to me, "I want to succeed in business."**

time and again は「繰り返し」を強調している言葉です。「**もう何度となく**」というくらいの訳になるでしょう。

訳：**何度も何度も**、彼女は私に「事業で成功したいの」と繰り返しました。

練習問題 **time** に注意して、次の文の意味を考えてください。

1. She will do **time** in prison.
2. It's about **time** that you grow up.
3. Never in my **time** would I think humans could set foot on the moon.

（解答は p.249）

Time flies like an arrow.は「光陰矢の如し」。確かにそうだが、「時バエは矢を好む」とする解釈もある、ふたつの意味に解釈できるガーデンパスだ、などと言語学で言うことがある。

名詞 time

33 「紙」の種類は動詞で決まる

paper

形 **名** 動 副

paper のコア

paper のコアはもちろん「紙」なのですが、文脈によって多様な意味が派生します。「新聞」「答案」「書類」「論文」などです。もともとpaper は物質名詞、つまり「素材としての紙」を表す名詞なので、数を数えられるものではありません。ところが、その「紙」に意味のある文字情報が記され、具体的な文脈のなかで具体化されると、「新聞」「答案」「書類」「論文」の意味に変化します。こうなると普通名詞扱いになるので、不定冠詞（a/an）が付加されたり、また複数形（...s）になったりします。

では応用。paper company は？――「製紙会社」。ちなみに、和製英語の「ペーパーカンパニー」は英語では dummy company です。paper credit は？――「証券信用」。paper gain は？――「帳簿上の利益」。

paper のもつさまざまな顔

① walking papers

paper と聞いて、まず **walking papers** を思い出しました。最初の例としてはどうかとも思いますが、これは「**解雇通知**」のことです。もともとは軍隊用語で、「除隊通知」でした。今、これをもらったら、すぐ人材派遣会社に駆け込むのでしょう。クビになって「歩いて出ていく」というところから、walking papers と言ったのでしょうか？

② white paper と green paper

「白書」（政府が刊行する報告書）も paper の一種ですが、万国共通なの

The papers should be in by 5PM today. は「書類は必ず今日午後５時までに提出してください」。証明書など公的な記録の場合にも papers と言います。

でしょうか？「白書」は確かにアメリカにもイギリスにもあります。ところが、イギリスでは少し様子が違っています。white paper は確かに同じ意味で用いられるのですが、別に green paper というものもあったのです。BBC ニュースに出ていたのであわてて辞書で調べたら、「議会の正式報告書」のことでした。これは表紙が緑なので「緑書」と言うのだそうです。

③ 和製英語「ペーパーカンパニー」と「パーパードライバー」

「ペーパーカンパニー」とか、「ペーパードライバー」という外来語が使われていますが、これらは和製英語です。実は、英語で「ペーパーカンパニー」は **dummy company** です。一方、「ペーパードライバー」は **Sunday driver** と言います。

④ paper tiger

「**張り子の虎**」のことを **paper tiger** と言います。以前、日本のことを批判して「張り子の虎じゃないか」と書いていた雑誌の特集で、paper tiger が使われていました。今はあまり言われなくなったようですが……。

⑤ 論文としての paper

学術関係者にとっての何より大事な paper は「論文」です。publish or perish「論文を書くか？ 消え去るか？」と迫られて、何とか論文を執筆して発表できるように努力が必要です。

⑥ Show me your paper(s).

paper は、一緒に使う動詞によってどういう「紙」かが決まってきます。**mark the papers** なら「**採点をする**」、**read the paper** なら「**新聞を読む**」になります。ということで、前者の paper は「答案」、後者は「新聞」の意味です。

さて、次の paper の意味は何でしょうか？

Show me your papers.

訳：**身元確認のできるもの**を見せなさい。

⑦ paper thin evidence

paper が比喩に使われる例も見ておきましょう。ある推理小説を読んで

「5 時までに書類を出せだと！」 机上案（paper proposal）でもたついた役所の秘密主義（paper curtain）を擁護する役人が言いそうなセリフかも。

名詞 paper

いたら、paper thin evidenceと書かれていました。日本語でも「紙のように薄い」と言うけれど、これは「根拠が薄弱」ということです。

⑧ paper white

日本語で顔色が悪いことを「紙のように白い」と言いますが、これは英語でも**paper white**です。

⑨ commercial paper

新卒で銀行に就職した人の話です。**CP**（**Commercial Paper**）の意味がわからなかったと言います。「商業的な紙」とはいったい何か、と面食らったようです。

これは、「**コマーシャルペーパー**」とカタカナで使うのがふつうです。「**無担保の短期約束手形**」のことで、法人が短期資金を調達するために発行する有価証券の一種です。短期記入市場における中核的な資金調達・運用手段として重要な役割を担うことが期待されている、と辞書に書かれていました。

ほかに**CD**（**Certificate of Deposit**）、つまり「**譲渡可能定期預金証書**」というのも、銀行に勤めると出てくる用語です。一般人には、何のことかよくわからないでしょうね。

⑩ a paper trail

そもそも「紙」というのは、記録を残すために用いられてきました。

a paper trailというのは、「**紙媒体で残された記録**」のことです。最近でこそ電子的にデータをやりとりすることが増えてきましたが、それまではともかく、何でもかんでも紙に証拠を残す必要がありました。

• • • • • • • • • •

小さい紙と言いたいときには？

paperが文脈によってさまざまな具体物を意味することはわかりました。それとは反対に、たんに「小さな紙切れ」と言いたい場合、どうしたらいいかを考えてみましょう。「小さな論文」という意味に誤解されないための方法です。

a little dogと言っても、それが「子犬」なのか「小型犬」なのかは、にわかにはわかりませんでした（*p*.56参照）。a small paperを論文のな

It took me 5 hours to grade the papers. と学校の先生がpaperと言えばこのpaperは「試験答案」のこと。訳は「試験の答案採点に5時間かかった」。

かでもきわめて小さなサイズのもの、いわば超小型サイズの論文の意味に使うケースはほとんどあり得ないとは思います。しかし、どうしても誤解を避けて「小さな紙切れ」であることをはっきりさせたいのであれば、a small piece of paper と piece を付ければいいのです。

でも、こういうシミュレーションはしっかりしておいたほうがいいかもしれません。同僚のアメリカ人の先生が学生の作文を見ていて、そこに a small paper という表現を見つけました。そのとき先生は、「piece がないと『分量が少ない論文』という意味に誤解されかねない」と私に言ったことが実際にあったからです。

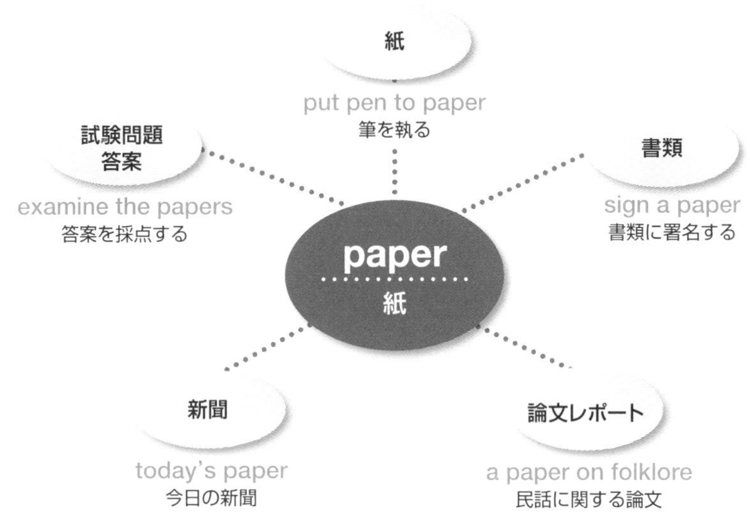

名詞
paper

練習問題 **paper** に注意して、次の文の意味を考えてください。

1. Don't forget to bring all your **papers**.
2. The deadline for your term **paper** is October 30.
3. My credibility has become **paper**-thin after the repeated blunders.

（解答は *p*.249）

paperboy ってどんな少年？　ヤギに食べられてしまうくらいあやうい男の子？　正解は「新聞配達の少年」のこと。彼らはたくましい限りです。

34 「気にかけて」しっかり「世話」する

care

形 **名** 動 副

care のコア

care のコアは「気にかける」こと。気にかけるところから「心配」「いたわり」。注意を向けるところから「配慮」「世話」「手入れ」などと意味が展開します。また「気にかける」「世話をする」という動詞としても使います。

ケース 1 さまざまな顔をもつ名詞としての care

① 愛情深い「ケア」、気にかけて「育てる」

幸せに育つ子どもの場合は，こう言えるでしょう。

> The baby is always happy and smiling because it receives constant **care**.

訳：その赤ちゃんはいつも**面倒**を見てもらっているので笑顔でニコニコしている。

「お世話をする」という意味で care が使われます。対象は動物だったり，老親の介護だったりですが、人は自分一人では生きてはいけない、常に誰かの世話になっている、と痛感させられます。

② 配慮、気配り、心配

周りに、なにも周囲を気にせずにマイウェイ、マイペースで生きている人がいます。気にしないでおこうと思っても，長らく組織に勤めてきた私、どうしても人目が気になりますが，こういう人はうらやましい。

caregiver って何？ 特に「病気や年配の人の介護をする人､介護士」のことですが「保護者」「子どもの世話係」の意味でも使われます。

I am very envious of his carefree way of life.

訳：私は彼の自由な生き方をとても羨ましく思います。

③ ヤングケアラー

耳慣れないカタカナことばで、マスコミにときどき登場している言葉がヤングケアラー。一説によると、「川端康成も老いた祖父の面倒を中学生時代にみなくてはならなかった。いまでいうヤングケアラーであったことがトラウマになって作品に影響している」ということ。

イギリスでは、NPOとして年若くして人の世話をしなくてはならず、まだ青少年の時代に自身の人間としての成長が十分にできないことがあってはならない、とその育成を支援する団体があります。

④ スキンケア、ケアマネジャー

最後にひとつ、名詞としてのcareは「ケア」とカタカナ語で頻繁に目につきます。肌のお手入れ、スキンケアや介護支援サービスの管理者であるケアマネジャー、略称ケアマネなんて言い方もあります。

英語でもskincare 、care manager　このままで通じます。

ケース2 動詞としてのcare

① 気になって気になって仕方がない

みなさんもこういうことがおありではないでしょうか。

I cared so much about my test result that I didn't sleep at all.

訳：検査結果が**気になって**、一睡もできませんでした。

試験結果、と言うこともあり得ますね。

② 赤ちゃんからお年寄りまで、人生のあらゆる場面でのcare

毎朝、健康のために散歩していますが、近所の公園で年老いた犬を大事

スピリチュアルケアが脚光を浴びている。医療行為はcure（治療）だが、careは心を尽くして思いやること。精神的ケアや心のケアだけでなく、その人の魂をも労わるのがspiritual care。

に大事に散歩させているご婦人を毎朝見かけます。

私もかつて犬を飼っていてどうしても犬は人間より寿命が短いので「看取り」が必要ですが、その時期を大事に過ごしているのをみると端から見ているだけでも心を打たれます。

It was touching to watch how dearly she cared for her sick dog.

訳：彼女は病気の犬をとても大切に**世話して**いて、見ていてとても感動しました。

ケアは、人生のあらゆる局面で赤ちゃんからお年寄りまで、です。

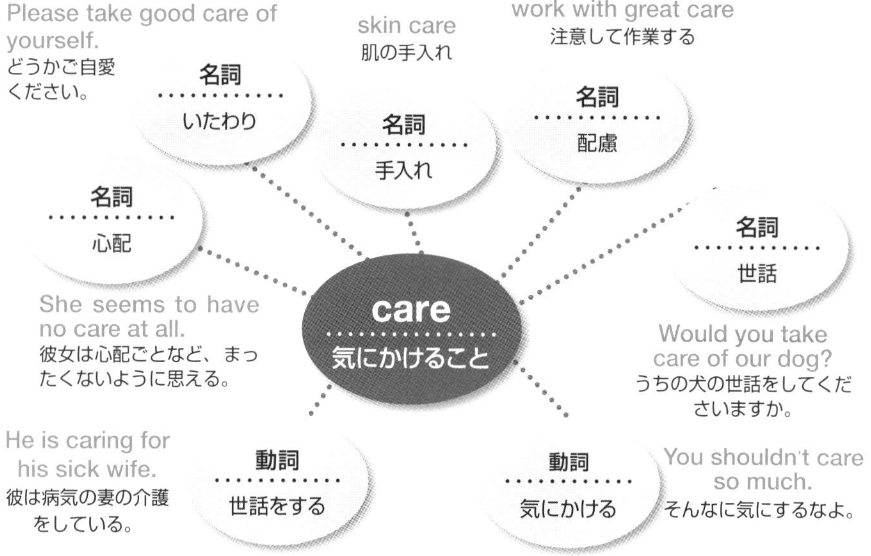

練習問題 **care** に注意して、次の文の意味を考えてください。

1. He couldn't have **cared** less about the cost; when his child was very ill, getting the best **care** was all that mattered.
2. She was admitted to the Intensive **Care** Unit (ICU) due to COVID-19.
3. My mother gave me all the love and **care** in the world when I was growing up.

（解答は p.249）

動詞編

take make get
hold work go break
cut count see run
stand try want

35 「自分のところに取り込んで」持っテイク

take

形 名 **動** 副

take のコア

take のコアは「自分のところに取り込む」で、次の 3 つのプロセスに分けられます。

(1) あるところから何かを取る
(2) 何かを（手に）取る、取って移動する
(3) 何かを自分のところに取り込む

例えば、I took some medicine. は普通、「薬を飲んだ、服用した」で (3) の意味に解釈されます。しかし I took some medicine from the store and got arrested. だと「店から薬を盗んで逮捕された」で (1) の意味に、また I took some medicine to the patient. だと「薬を患者のもとへ持って行った」で (2) の意味になります。

3 つのプロセスのうちどこに焦点が当たるかで、take の意味が変わてきます。take 単独で意味が決まるのではなく、一緒に使われている語によって豊かに意味が変わるのが語の意味世界です。

ケース 1 take を使った基本的な表現例

take は使い勝手がよいことを、まずは 5 つの用例がつまったエピソードを用いてお話しましょう。上記で述べたように、take は 3 つのプロセスのどこに焦点があたるかによって意味が変わります。それだけではなく、take は一緒に使われている語によって豊かに意味が変わることを具体的に見ていきましょう。

take ひとつで、タクシーで移動（take a taxi）もできるし、休暇もと

That road will take me home.「この道は私を故郷に連れ戻す」とブッシュ大統領は言ったけど「必ず故郷に自分は戻る」と言いたいのだろう。

れるし（take a vacation）、おふろ（take a bath）にも入れるし、シャワーを浴びる（take a shower）こともできます。

takeには幅広く応用ができる動詞です。例えば、以下の例で出てくるように「ふさがっている」「盗まれる」にあたる動詞を知らなくても、豊富な言い回しに応用できるtakeを使こなせれば、日常生活で言いたいことを十分に伝えることができます。

電車で大学に向かうある日の女子大生のひとコマを、takeを用いて表現してみました。

1) 大学へ電車に乗って行った。

I **took** a train to my university.

2) おばあさんが乗ってきたけど、空いている席がなかったので、席を譲った。

I offered my seat to the elderly lady because all the seats **were taken.**

3) 忘れ物係に足を運んだ。

I **took** myself to the Lost & Found.

4) 他のものはみなあったけど、辞書は盗られていた。

Everything else was there, but the dictionary **was taken.**

5) 持って行った人、返して！

Whoever **took** it, give it back to me!

この女子大生がいちばん声を大にして言いたかったのは最後の言葉「持っていった人」whoever took it、「返して！」ですね。

ケース2 takeを使った応用的な表現例

① どうにかして「取り返したい」というニュアンス

電車の網棚に荷物を置き忘れて取り戻しに行ったら、辞書だけ抜き取られていました。「どうやったら取り返せるんでしょうか？」と言いたい場合、

take afterとresembleと同じではない。前者はtake（自分のところに取り込む）から子が親の後を追って特徴が似てくる意。後者は他人同士でも使える。

英語ではどう表現すればいいでしょうか。

動詞に何を使おうか迷うかもしれませんが、

What will it take to get my dictionary back?

だと、「どうしよう、何をしたら取り戻せるの」という途方にくれた感じ、「ああ、どうしよう」という切迫感が出ます。

How can I get my dictionary back? でも、「どうやったら取り戻せるの」という意味なりますが、「何とかして！　どうにかして！」っていうニュアンスは、what does it take を使ったほうが出ます。get my dictionary back は「辞書を取り戻す」ということですが、**what does it take** には、「**一体どうしたら**取り返せるの」という問いかけが込められているのでより切実な感じになるのです。

さらに、たとえばこの辞書が大事な人からもらった、その人の署名もはいったかけがえのない１冊であって、「何が何でも取り返してやる！」という固い決意を込めるのであれば、次のように言うことができます。

I will do whatever it takes to get it back.

訳：**どんなことをしてでも**取り返す。

強い決意をもって何事かに臨むときに使える表現です。たとえば、「何が何でもこの資格試験に受かって昇級を勝ち取りたい」とか、「何が何でもこの試合に勝って決勝戦に進みたい」などの場面で使えます。

I will do **whatever it takes** to pass this exam.「この試験合格のために**必要なことは何でも**する」、あるいはこの試合に勝つためだったらというのなら、I will do **whatever it takes** to win this game.（この試合に勝つために**できることは何でも**する）。

強い決意をもち、必要なことなら何でもするという意思がにじむ表現です。

容疑をかけられた人が文句を言っている場面で、

What will it take to get my reputation back?

ノルウェーのグループ、A-Ha の歌、*Take me on* は好きな歌のひとつですが、refrain 部分では Take me on, take on me ♪と歌っています。「僕を受け入れて」という意味。

と、やはり take が使われていました。この英文の意味は何でしょう

「どうすれば評判を取り戻せるのか」とそのまま直訳するとわかりにくいのですが、実は今の例、「どうやったら、辞書取り返せるのか」と同じなのです。name は、この文脈では「名声」という意味です。

訳：**一体どうすれば**、名声を回復できるのだ。

② take を用いた 3 つの応用的な用法

そのほか、take を使う例を 3 つあげてみましょう。

■考慮する

But Occhetto, apparently spent by internal battles, failed to **take** Berlusconi seriously.

これは、オケット（イタリアの政治家）は、政治家としてデビューしたばかりのベルルスコーニ（元首相）が政治家として本気でやっていくかどうかを見誤ってしまったということです。

訳：しかしオケットは内部抗争ですっかり疲弊しており、ベルルスコーニを真剣な競争相手として考慮していなかった。

動詞 take

■ハマる

take にはどっぷりとはまってしまう、というニュアンスもあるのです。たかがゲームと言うなかれ、ゲームで賞金を稼いでキャリアを築き大成功する若者の例もあるくらいです。単に遊びに過ぎないというだけのものではなくなっていますが、その世界にはまってしまう、という意味あいです。

taken to RPG recently

訳：最近、ロールプレイゲームに**はまっている**

■行動をする

体制に不満があって街頭でデモをするなどというときにはこう言います。

take to the streets in protest

THE FIRST TAKE がはやってますね。一発撮りのパフォーマンスを鮮明に切り取る YouTube チャンネル。カメラやレコーダーで画像や音声を「とること」を名詞で take と言うんだね。

訳：街頭で抗議活動をする

場所、ものなど対象が変わるといろいろな表情を見せる take です。

ケース 3 take を使った慣用表現とイディオムの例

take はイディオムも多い言葉です。例をいくつか見ていきましょう。

① take off

ニュース番組の CM から

・Politics doesn't **take** weekends **off**, and neither do we.

訳：政治は週末を**休みに**しません、だから私たちの番組も休みにしません。→ 政治に休みはないので、この番組にも（休みは）ありません。

・Now I heard that your show is going to be **taken off** the air.

訳：あなたの番組が放送**中止になる**って聞きました。

このように take off で「中止する」という意味にもなります。

② It takes 時間

It takes two and a half years to collect the full amount with 0.3 million yen monthly payments.

訳：全額を回収するのに月額 30 万円の返済で 2 年半**を要する**。

It takes time. だけで使うと「時間がかかる」、Take your time. と言われたら「ゆっくり時間をかけていいよ」の意味になります。

③ take after ほか

She is intelligent. She **takes after** her mother.

訳：あの子の知性は母親**譲り**。

What's your take on this? と聞かれて「何を取るの？」と解釈してはダメ。
「この点についてどう思いますか？」と意見を聞かれているのです。

このように言われた本人は、嬉しかったでしょう。take... from ～で「～から……を受け継ぐ」という意味です。でも、こう聞かされたほうは、**I can't take it any more.**（これ以上、聞いてらんないわ）という反応だったのだとか。そりゃそうでしょう。いかにも自慢に聞こえちゃいます。はい、それではここで、**I am going to take a break.**（ひとまず、「休憩」）。

④ take away

次は、決算発表のときの財務部長の言葉です。

What should we take away from this number?

this number というのは、「利益の数字」を指して財務部長が言ったそうです。イギリス英語では take away（アメリカ英語では take out）と言うと、ハンバーガー・ショップだったら「お持ち帰り」ですよね。take away には「取り去る」、「引き算」という意味もありますが、まさかここでは引き算って意味ではないと思います。財務部長は何が言いたかったのでしょうか？

この数字は会社の業績について、どういう実態を語っているのか。実態をつかむためにはその数字の差に隠されていることをどう理解するべきなのか、その年特有の何かがあったのでは、と背景を探る必要がある。そういう説明を行った後で、財務部長はそれをふまえた上で、次のように言いたかったのでしょう。

訳：この（利益の）数字から何を**読み取る**べきですか。

ビジネスの会議で主な点は何かと聞くのにも使えます。

What's the key take away?

訳：重要なポイントは何ですか。

⑤ その他

他にも慣用表現としていくつか take が出てくるのをみてましょう。

take back は発言を取り消す際に使えます。

I will take that back.

「斜に構える」は英語で？「挑戦的な態度を取る」と置きかえて英語にして take a challenging attitude。基本動詞を巧みに使って、表現力 UP!

訳：その発言は**取り消します**。

次は、アメリカ発の女性副大統領になったカマラ・ハリス氏のスピーチからです。take... for granted は「……を当たり前だと思う」です。

Don't take democracy for granted.

訳：民主主義は当たり前だと思ってはならない。

また、take には「……を必要とする」という意味があります。

And protecting our democracy takes struggle, it takes sacrifice.

訳：民主主義を守るには努力が必要であり、犠牲が必要です。

さて、take の入った和製英語かと思われた表現がコロナ禍のアメリカでは使われるようになった話題を紹介します。テイクアウトです。通訳論の授業で学生に「外国に行ったときに和製英語と知らずに使って通じなかった単語」をあげてもらったところ、多く上がったのがテイクアウト。持ち帰りの意味で言ったのに、通じなかったと言う経験談が多く出されました。しかし、昨今の持ち帰り需要の急増で、ニューヨーク地区在住の複数の友人からの情報では、take out も take away もともに持ち帰りの意味で、日常的に使われているということです。

練習問題 **take に注意して、次の文の意味を考えてください。**

1. Don't **take** me wrong.
2. I will give you a **take**-home exam.
3. The President says he **takes** the reported new terror threats seriously.

（解答は *p.*250）

take
自分のところに取り込む
あるところから何かを取る
何かを（手に）取る
何かを自分のところに取り込む
取り上げる 奪う
take a fortress by assault
要塞を襲撃して占領する
取る
take a balance of income and outgoings
収入と支出のバランスを取る
引き出す
take questions from the audience
聴衆から質問を引き出す
持ってくる
take elegance from her mother
母親から品のよさを引き継ぐ
引く
take 20% from the price
定価から 20% まける
手に取る
take today's handout
今日の配布物を取る
取る、測る
take one's blood pressure
血圧を測る
取り上げる
take for example this Japanese worker
この日本人労働者の例を取り上げる
持って行く 連れて行く
take a case to court
事件を裁判ざたにする
受け取る
take a big blow
大打撃を受ける
取る 占める
Is this seat taken?
この席は空いていますか。
摂取する
take a big breath
大きく息を飲む
要する
take a bit more effort
普段より手間が余計にかかる
買う 入手する
take the house
家を借り入れる
する
take a boat ride
ボートに乗る
専攻する
take economics as my major
経済学を専攻する
受け止める
Don't take it so seriously.
そんなに深刻に考えるなよ。
引き受ける
take a big risk starting a new business
大きなリスクを負って新事業を始める
受け入れる
take his advice
彼のアドバイスに従う
利用する
take a cab home
タクシーで帰宅する

コラム

「いただきます」はLet's eat! じゃない！

アン・クレシーニ

私は、日本の世界観 Japanese worldview に救われました。25年間、摂食障害 eating disorder と戦って、諦めようと思った頃に親友のマキコさんに出会いました。食べ物に支配されている私に日本料理を教えてくれたおかげで、少しずつ元気になったけれど、「いただきます」の本当の意味を知ることで、そのしつこい病気を克服することができました。「いただきます」のおかげで「世界観」を知ることの大切さに気づかされたのです。

私は、長く日本に住んでいましたが、ずっと「いただきます」はLet's eat!（食べましょう！）と同じ意味だと思っていました。ある日、友だちが、「違うよ。命をいただいているから、『いただきます』は命を捧げてくれたすべての命に感謝を表す言葉だよ」と教えてくれました。

目から鱗でした。こんなに長く日本に住んでいるけれど、何故わからなかったのでしょう。この大事な気づきのおかげで食べ物と仲直りしました。食べ物を大事にする人間になって、どんどん元気になりました。もう二度と食べ物に支配されることはありません。

外国語を勉強しているときに、どうしても訳せない単語に直面します。辞書で調べてみても、ぴったり当てはまる単語が出てこないときが多いのです。その理由は、文化と世界観の違いです。もし、ある文化にある概念がなければ、当然その概念を表す言葉もありません。「いただきます」はまさにそういう言葉です。例えば、私の母国アメリカでは、キリスト教が定着しています。現在、多くのアメリカ人はキリスト教から離れていますが、キリスト教の土台、つまり、キリスト教の世界観は残っています。

キリスト教では、命を捧げてくれた動物や植物に感謝する概念がありません。一方、その命を供えてくれた神様に感謝します。ですから、食事をする前に祈る習慣があります。神様のおかげで、食べる物があるのです。けれど、日本人は神様ではなくて、直接「命」に感謝します。そして、その食べ物を準備してくれた方々に対しての感謝の気持ちも、「いただきます」に入っています。

この大きな世界観の違いがあるので、「いただきます」を英語に訳すことはできません。けれど、訳がないということはなんとなく落ち着かないので、外国語を勉強している人たちは、一番近い訳を探します。おそらく、その理由で「いただきます」はLet's eat! になったと思います。

文化と世界観があまりにも違いすぎるので、無理やり言葉を訳す必要はないと私は思います。代わりに、その概念を説明することが一番自分のためにも相手のためにもなると思います。言葉は、表面的な辞書の定義より深い意味があるので、辞書に頼らないで、言葉の深い意味を知ろうとすると、新しい発見がたくさんあると思います。

この経験を通して、言葉と文化と世界観の大切さがわかりました。「いただきます」は日本の言葉です。食事をする前に「いただきます」と言うのは日本の文化です。大切な命をいただいているので、その命に感謝することは、日本の世界観です。

私は、日本語がペラペラ話せるし、文化についてかなり詳しいと思います。けれど、実際に私を救ってくれたのは日本の世界観でした。ですから、外国を知りたい方に言いたいことがあります。言葉と文化を知ることはもちろん大切です。でも、本当にその国の心に近づきたかったら、世界観を理解しようとすることは欠かせないことだと思います。そうすると、私と同じように人生が変わるかもしれません。

〔アン・クレシーニ　北九州市立大学准教授、言語学者。テレビ・ラジオコメンテーター、コラムニスト、YouTuber、オールドドミニオン大学応用言語学修士。日本の英語を考える会（NNE）理事〕

36 作っても作らない make って何？

make

形 名 動 副

make のコア

make のコアは「（材料に手を加えて）何かを作る」で、主体・材料・製品の３つが関与します。通常、材料を問題としない場合には製品のみを目的語にし（例 make ice）、材料を問題にする場合には材料と製品を明示します（例 make wine out of grapes）。

製品は広義の状態変化を指すこともあり、例えば make [water into ice] は「[水が氷に状態変化すること] を作る」、make [my son (BE) a teacher]　は BE を補って「[息子が先生である状態を] 作る」、make [my son (HAVE) a new suit] は HAVE を補って「[息子が新しいスーツを持つ状態を] 作る」です。

使役も、たとえば make [my son wash the car] では、「[息子が洗車する状態を] 作る」と考えれば統一的に理解して make が使えます。

ケース 1 幅広い make の守備範囲

ある知人が、提携先のアメリカ企業から次のような質問を受けました。

How much money will we make on that deal?

こういうとき、make ＝「作る」と考えたのでは全然意味がわからないでしょう。「お金をどのくらい作る？」という意味では、もちろんありません。

財務省だったらお金を印刷できますけれど、ここは贋金（にせがね）造

She will make a good wife. と言ったら「彼女はいい奥さんになるよ」。「いい奥さんを作りますよ」ではありません。

りや錬金術ではなくて、「その取引で儲けがいくら見込めるか」予想を出して欲しい、と言いたいのでしょう。

訳：その取引で、どれだけ利益が**見込める**のですか？

実際、見込みがどのくらいかを予測するのは難しいですが、そこがビジネスの面白いところです。

イタリアの近代の歴史を物語る話題で、make がふたつ出てくる例を目にしました。

Bossi was going forward with his own project, making it up as he went along, and making enemies of all the major political forces.

この文では make が 2 カ所に出ています。しかし、ふたつの make が使われていることを、それとわかるように訳すことはできません。意味を考えて訳出するしかないのです。

make はイディオムの宝庫と言っていいような動詞ですから、同じ文に違った意味で何カ所も出てくることは、ちっとも不思議ではありません。

make-up は、動詞で「化粧する」という意味になりますし、また名詞で「化粧」「構成」という意味にもなります。ただ、ここで使われている make up は、その意味ではありませんでした。

訳：ボッシは自分の計画を推し進めながら対処方法を**編み出して**いたが、主だった政治関係者すべてを敵に**まわす**状態となっていた。

アタマから順に訳すなら、こうなります。

訳：ボッシは自分の計画を**考えながら**推し進めたけれども、進めるなかで主だった政治関係者すべてを敵に**まわしていった**。

日本語でも「敵を作る」と言えるけれど、「敵にまわす」のほうが自然でしょう。

「計画を進めながら作っていたけど……敵を作った」と、両方「作る」で通そうとすると少し無理があります。言葉の受け持つ守備範囲が言語によって違うからです。

動詞 make

He will make her a good wife. なら、彼は彼女を素敵な奥さんに仕立てるだろう、って意味。make のコアから考えればよくわかるよ〜。

ケース 2 make を用いた慣用表現とイディオム

①「～する」という意味のイディオム

make haste ＝「急ぐ」、make peace ＝「仲直りする」などとたくさんイディオムを習ってきたわけですが、映画『メリー・ポピンズ』でとても印象的な表現を記憶しています。メリーが家庭教師として子どもたちに伝える、次の一句です。

Just a spoonful of sugar makes the medicine go down.

直訳は、「たった一杯のお砂糖で薬が飲み込める」。何に対しても楽しみを見出すこといかに大事か、を説いた言葉です。教える側からすると、「やるべきことに楽しみを見出せれば励みになる」という意味です。

このmake を使えば、日本語の「する」という意味のイディオムをたくさん作れます。ちょっとやってみましょう。

「スピーチをする」、「声明を発表する」、「約束をする」はどう言うでしょうか？　make a speech、make a statement、make a promise です。最後は、make a commitment でもいいです。

make を人称代名詞と一緒に使うと、その人称代名詞で引き合いに出された人について表現できる言い回しがあります。自分の態度を明確にする、自分自身をこけにする発言をする，彼女についてからかう、などです。

- Let me **make** myself clear.　はっきり言おう。
- I **made** a fool of myself.　馬鹿なことをした。
- He **made** fun of her.　彼は彼女をからかった。

② make a headline / make a bid

「新聞記事の見出しになる」というのは、make a headline と表現します。買収合併を報じる新聞の headline としてこんな文が載っていました。

We'll make public schools all they can be. とかつてアメリカの大統領が言った。「公教育を最高水準にします」というもので「作る」とはかぎらない。

Amazon made headlines with their bid to aquire Whole Foods

電子商取引大手アマゾンによる高級食品販売チェーンのホールフーズの買収は 2017 年に実現しました。

訳：アマゾンはホールフーズの買収に乗り出したと**新聞の見出しにとりあげられた**。

make a bid「買収提案をする」を用いてこの買収を表現できます。

Amazon made a bid to acquire Whole Foods.

訳：アマゾンはホールフーズの買収に**乗り出した**。

日頃アマゾンをよく利用するという方も多いでしょう。またホールフーズは、ニューヨークへの通勤客が使う中心的な駅、日本で言えば東京駅のような感覚のグランドセントラルステーションの中にも、お惣菜を売るお店を出していたりして、なじみのある店であるので、この買収は個人的にも印象深いです。

③ make it を用いたイディオム

make it happen「実現させる」、make it in time「時間に間に合う」、make it up「でっちあげる」、など it と一緒に使った形もよく見ます。

たとえば電車に乗ろうとして

I just made it.

と言うと、どういう意味になるのでしょう？　これは、「ぎりぎりセーフ」ということです。

訳：電車にぎりぎりで**間に合った**。

そういえば、「急ぎなさい」は make を使って Make haste! です。まとめて覚えておくとさっと使えそうですね。

④ make a deal

I will make a deal.（取引を成立させる）、これは前大統領トランプ氏の大好きな言い方です。

make a big deal about the matter は「そのことで大騒ぎをする、ガタガタ言う」ってこと。基本語を組み合わせるといろんな表現が可能になる。

例えばこんな具合でした。

We're going to make a great trade deal.

訳：これから有利な貿易協定を**実現する**のだ。

政治をすべて経済上の得か損かに置き換えたと揶揄された前大統領ですが、その口癖はこうでした。

Only I can make the best deal for the U.S.

訳：アメリカのための最高の**取引ができる**のは私だけだ。

⑤ 政治家がよく使う言い回しのひとつ

この前ニュースを見ていたら、バイデン大統領がアメリカにはインフラ整備のため大型投資が必要であると熱弁をふるっていました。

Make no mistake about it.

これを「間違えるな」と訳すと、少し変です。バイデン大統領に限らず，政治家はこの言い方をよく使います。文字どおり「間違えてはなりません」というよりは、「私の意図を誤解しないでください」ということです。アメリカではコロナ渦で落ち込んでいる経済回復のためのインフラ整備法案をめぐり激論が戦わされ、この法案をめぐり政権、野党双方が頻繁にこれを使い主張を通そうと論戦を張っています。

訳：**誤解しないでください。**

政治家の例として、バイデン氏の勝利演説から make を用いた例を見てみましょう。**make... real** で「……**を実現する**」という意味になります。

I sought this office to make America respected around the world again. And now the work of making this vision real is the task of our time.

訳：私が大統領を目指したのは，再びアメリカが世界で尊敬されるようになるためです。このビジョンを**実現する**仕事こそ、いま我々がすべきことです。

流れ星を見たら急いで！ Make a wish!「願いをかけて」。流れ星が消えないうちに祈れば、その祈りは通じると言います。

前大統領トランプ氏の有名なセリフは、略称MAGAとも言われるMake America Great Again「アメリカを再び偉大に」、これにかけての発言ですね。

ケース2 makeを使った形容詞や形容詞的表現

① のるかそるか

ケース1と同じ契約の話題です。

It's a make-or-break deal.

これは、日本語で言う「のるかそるか」、「いちかばちか」のニュアンスに近いものです。そう言えば、**take it or leave it（気に入らなかったらやめておけ**）という言い方もあります。

今度のビジネスは社運がかかっているので、うまく成功すればいいが、そうでないと社運が傾く。それほど大事で厳しい仕事であることを指しているのでしょう。

冒頭に掲げた例文の訳はこうなります。

訳：**のるかそるかの取引だ。**

② self-made man

self-made manとは、どういう意味でしょうか？　これは、「**たたきあげの人**」「**自らの努力でのし上がった人**」のことです。

③ 形容詞 makeshift

あってはならない悲劇ですが銃撃事件やテロがあると、makeshift memorialやmakeshift tentという表現によく出会います。

makeshiftは「**間に合わせの**」、「**一時しのぎの**」という意味です。ニュースでテロの惨状の画面を見ていると苛立ちを覚えます。

のつぶやき

「感動を与えよう」という意味で「make drama」と言ったのは長嶋元監督。英語ではbe dramaticがピッタリくる。

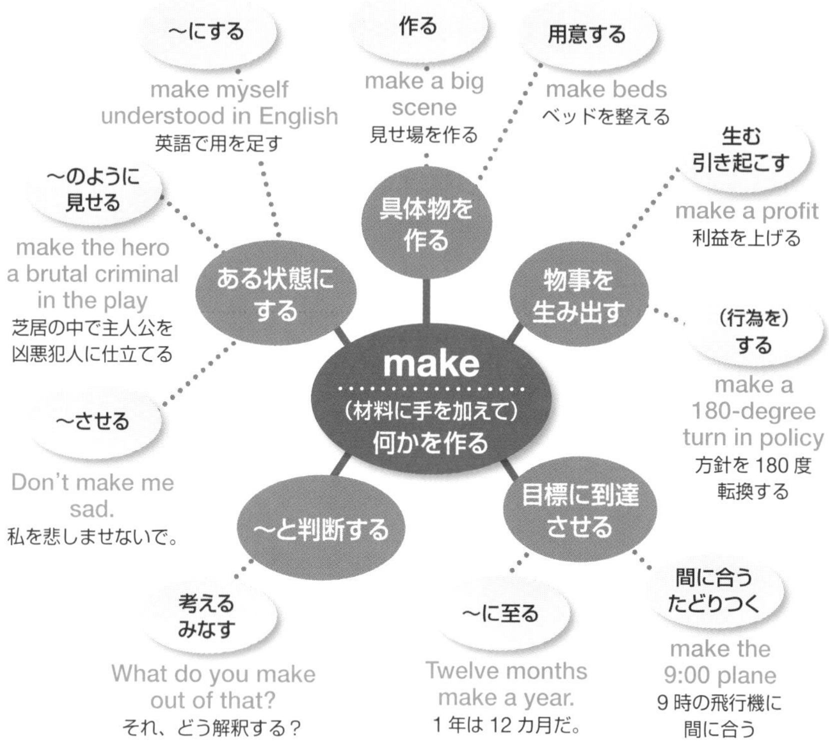

練習問題 **make** に注意して、次の文の意味を考えてください。

1. She **made** it no secret that she was in love with him.
2. The company CEO **made** his case for acquiring a trading partner.
3. It is just wonderful that he is such a capable person, that he seems to be able to **make** anything happen.
4. In a few minutes' time, the Prime Minister is going to **make** an important announcement.
5. I thought it extraordinary that she **made** such a big fuss over such a small incident.

(解答は *p.*250)

37 「手に入れる」のは、モノだけではない？

get

形 名 **動** 副

get のコア

get のコアは「ある状態を得る」で、何かを引き起こすという意味合いがあります。ある状態とは BE の状態、HAVE の状態のことです。例えば、get a cold だと [HAVE a cold] つまり「[風邪を持つ状態] を得る」で、「風邪を引く」になるのです。風邪を引くと get sick になって、[BE sick] つまり「[病気である状態] を得る」で、「病気になる」「具合が悪くなる」という意味になります。

これは、get を使ったさまざまな構文に反映されます。get him a ticket だと get [him HAVE a ticket] で「彼にチケットを入手してあげる」、get me mad だと get [me BE mad] で「私をキレさせる」、get her to do the dishes だと get [her to do the dishes] で「あの子に皿洗いをさせる」（使役の意味）になります。

幅の広い get の意味

① 言いたいことがわかる

アメリカ人と一緒にディスカッションをすると、しょっちゅう get を使っているのが耳につきます。ニュース報道からも get が頻繁に使われるのはわかります。例えば、アメリカ大統領選挙のための政策討論会においてです。討論相手は、選挙の勝ち負け以上に、いかにアメリカはフェアな国か、どういう人種にもどういう背景の人にもどれだけチャンスが与えられているか、を力説するのです。

でも、候補者になれるような人は普通の人ではありません。まず何よりもお金がなくては選挙に出られません。それに中傷合戦だってしています。結局はマスコミ受けしなかったら勝てない、お金を出して大々的に広報活動ができないような人にはチャンスがない――そうひとりが言ったら、何度も何度も相手から言い返されました。

・**You don't get it.**
・**You are not getting my point.**

get は「手に入れる」という意味だけではないようです。

訳：・私の言わんとするところが、君はわかっていないね。
　　・私が言いたいポイントを君はつかんでないね。

この場合は、「理解する」という意味で考えるといいでしょう。

② 会話文でさまざまに使われる get

get は、make と並んで会話文で実にたくさん使われています。

テレビドラマでも映画でも、劇的な事件の関係者は自問します。

How did I get into all this?

訳：なんでこんな目に**遭う**んだ。

しかし事実は小説よりも奇なり，アメリカで 1995 年におきたオクラホマシティ連邦ビル爆破事件の受刑者の息子が、テレビ番組で父親について「どうしてこんな事件を起こしたのだと思うか？」と問われたときに、息子は get や make を多用しながらこう言いました。

Until he gets ready to tell me what went on in his life to make him make the choices he made, I really cannot answer that.

訳：なぜ父が人生でそういう選択をしたのか、何があったのか私に語ってくれる気持ちに**なる**までは、本当に私からその質問に答えることはできません。

そういう人の立場について考えてみるのはやさしいことではないですが、「衝撃を受けたか？」と司会者に問われ、「当然だ」と答えた後、こうつぶやきました。

忙しい現代生活。言いにくいことをなかなか言えないでいると get to the point「要点を言ってよ」と怒られてしまいますね。

> It's taken me years to **get** past it.

訳：気持ちの決着を**つける**のに何年もかかった。

コロナ渦で、会話でよく聞かれたのはこのフレーズです。

> What we should do now is **get** this virus under control.

訳：今せねばならないのは、このウイルスを制御**する**ことだ。

③ ～になる、犯す

次は、凶悪犯罪に手を染めた人を指して言われたものです。

> He **gets** quite violent under certain circumstances.

思いがけない事件が起きたときに、犯人を指して言ったのであれば、こういう意味になるでしょう。

訳：彼は状況によっては、凶悪犯罪を犯す。

「大変狂暴になる」と訳してもいいでしょう。

ケース2 get の慣用表現とイディオム

① get to do

ミュージカル『王様と私』で、主人公の女性がシャムの王室に英語を教えにきて、たくさんいる王様の奥方たちと子どもたちの前で自己紹介する場面があります。そのときに歌う **Getting to** Know You の get to do は、「……**するようになる**」という感じの意味になります。「あなたのことを知るようになりたい、わかるようになりたい」という願望を込めた歌です。

② get it over with

古い話で恐縮ですが、アメリカで新婚早々なのにコロンビアビジネススクールに入学を果たし、これからのキャリアの基礎を築くと張り切っていた私、しかしアメリカのビジネススクールで勉強をするというのは生半可

Soon got, soon gone. ってどういうことかな？ すぐに手に入ったものは、すぐに出て行ってしまう。正解は「悪銭身につかず」。

なことではありませんでした。こんなに勉強したことはない、この経験に耐えられたのなら、何でもできるだろうと思うくらい大量の課題に苦労の連続でした。課題をどうこなすのか、よくできる友人に聞いたところ、こうアドバイスされました。

Just say to yourself, "I'll do it. I'll get it over with."

訳：自分自身にこう言うの。「**さっさとやる、終わらせる**」って。

時間を区切って自己暗示をかけて「ともかくやる、終わらせる」。

get it over with という態度は、「**できることは何でもさっさとやるのがいい**」というものです。よく内実を知らずに当時日本人ビジネスパーソンのあいだで大人気だったからという理由、たまたま夫の転勤でニューヨークに来たのだからという理由でこの大学院に飛び込んで、どうやって終わらせようかと悩みの日々でしたが、確かにあの当時を乗り越えたことを思うと何だってできる気がします。

③ get away with...

アメリカ人の学生の話題です。日本人の学生がこの前、「全然試験勉強してないのに、あれ、もう明日がテストの日だって気づいた」と言ったところ、アメリカ人の留学生にこんなふうに言われたそうです。

I don't see how you could get away with that.

何だか馬鹿にされたというか、どうしてそんなことできるの、というニュアンスだけは感じられたのですが、うまく意味がとれなかったようでした。

get というと「手に入れる」という意味で理解することが多いですが、それでは何のことか全然わからないでしょう。ここの **get away with...** は、「**……だけですます**」という意味のイディオムです。

つまり、**I don't see how you could get away with that.** は「**そう言ってすませられるなんて、信じられない**」という決まり文句だったのです。

アメリカの大学は厳しいから、出席もまったくせず勉強もほとんどしないで、テストだけでなんとか単位が取れてしまう、そんな日本の大学生のありようが信じられないのでしょう。アメリカの大学は学費が本当に高い

I should get going. とお客さんに言われたら「そろそろお暇します」ですが、「そろそろ本気になってやるか」と仕事にかかるときにも使えます。

ので、元を取るつもりで勉強する、ということも理由のひとつかもしれません。何を隠そう、私もそうでした。

訳：そう言って**すませられる**なんて、信じられない。

④ get by...

もうひとつ、get を使ったイディオムを紹介しましょう。

She gets by with very little money.

その人は、よほどやり繰りがうまいんでしょう。**get by** で「**何とかやっていく**」という意味です。

訳：彼女はわずかなお金でも**やっていける**（生活できている）。

ミニコラム

make と get

日英逐次通訳の授業で、先般講演してくださったビジネスパーソンの言葉をとりあげたときのこと。本筋の講演もさることながら、最初にアメリカの大学院に行ったときに、教授がまず、「君たちを億万長者にする」といった言葉が印象的たった、ということだった。

I will make you a billionaire.

しかもその先生が毎週、違ったスーツにネクタイでかっこいい。自分もそうなりたいというあこがれを抱いたのだとか。その後、投資業界で立派な仕事をされるようになったこのビジネスパーソンの方の就職にあたっての考え方は、今大企業を選んだってその会社が 20 年後、30 年後どうなっているか、わからない。一流企業というだけで選ぶのはつまらない。

I think it's best to choose a company where you get to do what you really want to do.

「それよりも自分が本当にやろうと思っている仕事をやらせてくれる会社を選ぶのがいいと思います」

get は「ゲットする」などとカタカナでも使われます。ニュアンスとしてビジネスで使われるときは make は「何かに到達する」、get「何かをつかみとる」という感覚だと思います。

のつぶやき 「お近づきに一杯いかがですか？」こういうのは訳しづらいですね。Let's get a drink and get acquainted. と言えば通じるでしょう。

練習問題 **get** に注意して、次の文の意味を考えてください。

1. You will not **get** to see the end of this.

2. I was not sure how she **got** thorugh the exam.

3. In those days, it was normal to **get** to work very early in the morning.

(解答は *p*.250)

38 一時的に「足留め」されたうえに、「押さえ」られ

hold

形 **名** **動** 副

hold のコア

holdのコアは「一時的に押さえておく」です。「手で押さえておく」が基本で、動きのあるものであればそれを「一時的に動かないようにしておく」という意味になります。

具体的には、①「動きのないものを押さえておく」から、「持つ」「つかむ」「つかまっている」「(容器に中身が) 入れられる」「支える」「所有する」「保持する」「(会などを) 催す」「(考えなどを) 抱く」「(物が) もちこたえる」という意味が出てきます。さらに、②「動きのあるものを押さえておく」から、「とどめておく」「(ある状態に) 保つ」という意味が出てきます。名詞だと「つかむこと」「握ること」の意味になります。

keepは「比較的長い間、状態を保持する」場合に使用し、「一時的に押えておく」holdとは異なります。

ケース1 holdの基本的な意味と使い方

① しがみつく対象が夢や希望であれば……

「希望・夢を持ち続ける」は、**hold on** to your hope、**hold on** to your dreamなどと言えます。この場合は対象がよいもの、希求するもの、になります。あるいは、メンターと言える人がいて、「導いてくれる」という表現で、He **held** my hand to get me up the corporate ladder.「企業内の出世階段を上るのに手をとって導いてくれた」などとも使えます。

② 身体の部位であれば……

古い話で恐縮ですが、今やクラシックとも言われるビートルズの曲の題名。

*I Want to **Hold** Your Hand*

邦訳のタイトルは「**抱きしめたい**」です。これは名訳だと思いますが、hold を人、あるいは身体の部位に用いると「しっかりとおさえる」「保つ」すなわち「抱きしめる」ことになります。いろいろな例が挙げられますが、**hold** the baby in my arms なら「腕の中に赤ちゃんを抱く」、**hold** me tight ならば「私をしっかり抱きしめて」という意味になります。

③ おさえておくのが it だったら？

おさえておくのが it だったら？

Hold it right there.

訳：あ、そこで**止めて**。

ちょっと待て、そこで動くな、という感じで、例えば動画を見ていて、「そこで止めて！」なんて言うときに使えます。

おさえておくものがlineだったら？ Please hold the line. であれば、「電話を切らずに待っていて」ですね。携帯電話に慣れた人には固定電話の回線がつながっているというのは想像がつきにくいかもしれないですが、かつて必ず電話は「線」line がつながっているのが普通だったのです。

ケース 2 hold の応用的な意味と使い方

かつての大統領が亡くなったとき証券取引所でのことです。

The New York Stock Exchange will hold two minutes of silence tomorrow morning at 9:30, delaying the opening bell.

ここの **hold (a moment) of silence** は、「**黙祷をささげる**」という意味です。a moment の代わりに具体的な時間を入れることができます。

訳：ニューヨーク証券取引所は明日の朝 9 時半に、取引開始の合図を遅らせて、2 分間の黙禱を捧げます。

この言い方は、たとえば広島や長崎の平和祈念式典の中継で、「黙禱が

Don't hold that against me. は、何か不利な証拠を握られているときに相手が言う言葉。「だからって私のせいにしないでよ」という意味。

捧げられています」と言うときにも使われます。

さて、次のような言い方になると、hold の意味はどうなるでしょうか？

It's clear that the pandemic will top the agenda for the G8 Summit, whatever the debate for the future holds.

訳：将来についての議論にどんな内容が**含まれる**にしても、パンデミックがG8先進8カ国首脳会議の議題のトップであり続けるのは明らかです。

また、**whatever the future holds**（**将来どうなろうとも**）はニュースでよく耳にする慣用句です。

ケース3 hold を用いた慣用表現やイディオム

① hold together

アメリカは歴代大統領によって同盟諸国と協調路線にするのか、単独路線をいくのか違ってきますが、当時のイギリスのサッチャー首相と連携をしていたレーガン大統領の例もあります。

Ronald Reagan said after the Cold War, "the West held together."

the West held together. を「西側が一緒にくっついていた」としたのでは意味が通じません。正解は、「西側の**結束は続いた**」ということです。

訳：ロナルド・レーガンは冷戦後、「西側は**団結し続けていた**」と発言した。

② hold water

ニュースの話題についてトーク番組で時折出てくる表現です。

Your argument does not hold water.

何をおさえるのか、hold water の意味が問題です。この場合は、hold の「保つ」という意味が活きていますが、慣用句として覚えておきましょう。元々は容器が水を漏らさない、というところから「**完璧である、信頼できる**」、転じて「**議論の筋道がたつ、理にかなう**」となりますが、否定

hold all the cards はどんな状況を言っているでしょう？ トランプですべてのカードを持っていることから、「状況を完全に掌握している」の意。

の形で使われることがほとんどです。

訳：あなたの主張は**通ら**ない。

③ hold back from...

テレビの株式ニュースで出てきた言い方です。

Investors held back from placing orders today.

この意味は、「投資の注文を**出さなかった**」ということです。市場が荒れていて、方向性が見定まらないときだったのでしょう。

訳：投資家は今日、注文を出すのを**差し控えました**。

① hold on to... / hold on...

hold は後にくる前置詞によってもいろいろな表情をみせます。

I held on to his promise that he would call me.

訳：「電話する」との彼の約束に**すがっていた**。

これが「思い出にすがって生きる」というのであれば、**hold on to** memories となりますし、「ある歌が私にとって多くの記憶をよびさます」であれば、That song holds a lot of memories for me. となります。

ケース4 名詞としての hold の慣用表現

2020～2021 年の世界的なコロナ禍で事業計画が一時停止をせまられた企業は数多いですが、航空業界は特に打撃が大きかったです。

Airline companies have put new recruitment on hold.

航空会社は移動ができなくなって事業が停止状態、学生に人気のある就職先ですが新規採用はコロナ禍ではありませんでした。**on hold** は「**しばらく停止した状態におく**」、つまりは「**進めずにいる**」ということです。

訳：航空会社の新規採用は**保留になっています**。

We hold those truths to be self evident...「以下は自明の真理である」と始まるのが合衆国独立宣言。暗記したのに今覚えているのはこれだけ。

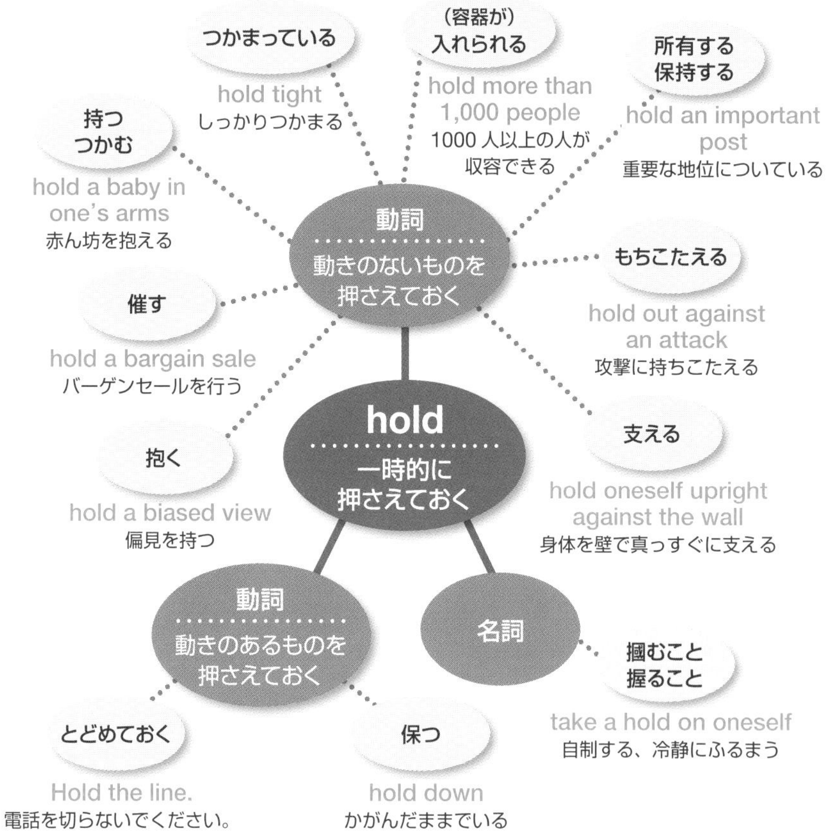

hold
一時的に押さえておく

動詞
動きのないものを押さえておく

持つ
つかむ
hold a baby in one's arms
赤ん坊を抱える

つかまっている
hold tight
しっかりつかまる

（容器が）
入れられる
hold more than 1,000 people
1000 人以上の人が収容できる

所有する
保持する
hold an important post
重要な地位についている

もちこたえる
hold out against an attack
攻撃に持ちこたえる

支える
hold oneself upright against the wall
身体を壁で真っすぐに支える

催す
hold a bargain sale
バーゲンセールを行う

抱く
hold a biased view
偏見を持つ

動詞
動きのあるものを押さえておく

とどめておく
Hold the line.
電話を切らないでください。

保つ
hold down
かがんだままでいる

名詞

摑むこと
握ること
take a hold on oneself
自制する、冷静にふるまう

動詞

hold

練習問題 **hold** に注意して、次の文の意味を考えてください。

1. Don't try to **hold** me back from going to the party. I really have been looking forward to going.

2. Unfortunately, the President's previously scheduled state trip was put on **hold** after the terrorist attack.

3. I don't think he is **holding** back on his promise.

（解答は *p.*250）

「お母さまこそ、口をおつつしみあそばせ！」は英語では？ Hold your tongue, Ma!
『不思議の国のアリス』からの一節。

39 「仕事」をしてなくても work とはこれいかに

work

形 **名** **動** 副

work のコア

workのコアは「(自ら) 動いて機能［力］を発揮する」で、人が動く場合は「働く」「勤務する」「取り組む」「勉強する」「努力する」、物事が動く場合は、「機能する」「作動する」「うまくいく」「効く」「進む」などの意味に展開します。

また名詞で使う場合は、「本来の機能を働かせること」、そして「そのことによってでき上がったもの」の意味に展開します。そこから「仕事」「勉強」「研究」「職」「勤め口」「職場」「仕事ぶり」「仕掛け」「作品」「業績」などの意味が出てきます。

少し応用。work a knob は?――「つまみをいじる」、work a new device は?――「新しい装置を考案する」、work a puzzle は?――「謎を解く」、work at the grassroots level は?――「草の根活動をする」、work for peace は?――「平和のために尽力する」です。

ケース 1 基本的な work with...

I know her well because I have worked with her.

これは worked with...が「……と一緒の仕事をした」ということですね。

訳　私は彼女と**一緒に仕事をしてきた**ので彼女のことはよく知っている。

愛想のいい友人の話です。人当たりのいい彼にしては本当にめずらしかったのですが、同じ、work with を使って、こう怒り狂っていました。

「ちっともうまくいかない、どうしよう」。これも work を使って言えます。That doesn't work at all. What should I do?

I can't work with that person.

ここは、「あの人と一緒にやっていけない」ということで、必ずしも「仕事」を指しているとは限りません。相性の問題は難しいです。

訳：あの人とは**付き合い**きれない。

ケース2 workの意味の広がり

①「仕事をする」だけではないwork

ある大学生がこう言っていました。「仕事」をしていない学生なのに、workとはどういうことでしょうか？

I've got so much work to do over the weekend.

ここでは、テストか何かが大変で、「勉強をたくさんしなくてはならない」という意味で言っているのだと推測されます。

訳：週末にたくさん**勉強し**なくちゃね。

workは日本語の「仕事」だけではなくて「勉強」や「研究」も意味します。つまり、努力をして行うことの総称です。だから、名詞にすれば「業績」の意味になるし、「作品集」を指すこともあります。

I know how to work the coffee machine.

これは目的語がthe coffee machineなので、「働かせ方」というより「使い方」ということになるでしょう。

訳：コーヒーメーカーの**使い**方を知っている。

②おかあさんはworkしていないけれどもworkする

workが「労働をする」「仕事をする」という意味だけではないことはわかってもらえたと思います。そこで、どういうときに「仕事」の意味になり、どういうときそれ以外の意味になるのかが問題です。

私は小さい頃、親の仕事の都合でアメリカに住んでいましたが、あると

のつぶやき

「薬が効いた」は英語で何て言う？ The medicine worked. でOK。「そのもののもつ本来の機能を発揮する」というコアから考えればよくわかる。

き小学校で急に気分が悪くなったことがありました。そのとき、まずこんなふうに聞かれたのです。

Does your mother work?

訳：お母さんは**働いています**か？

今にして思うと、保健の先生は気分の悪くなった子を迎えにきてもらう都合上、「自宅外での勤務に就いていますか？　それとも自宅にいますか？」と聞いたのでした。でも、そのとき私は妙に考え込んでしまいました。「お母さんは働いている？　さてどうだろう。お父さんは外で働いているけど、お母さんだって家の仕事をしている」。だから、返事はこうなりました。

My mother doesn't work, but she works at home.

訳：母は**働いて**いませんが、家で**働いています**。

保健の先生はWhat?（何ですって？）と怪訝な顔をしました。どうやら、家族と一緒に自宅で家内工業でもしているのか、と思ったらしいのです。女性が外で仕事をすることがある、と気づいたのはこのときからでした。

③ スポーツジムでのwork

職場でこんな発言があったとします。ここは、「仕事をする」でも、「作業をする」でもなさそうです。パートタイマーを話題にしているわけではありません。

She works out three times a week.

work outはイディオムで、「スポーツジムなどに行って運動する」ことを言います。

訳：彼女は週に3回**運動をしています**。

アメリカ人は、年収が高く社会的な地位のある人ほどwork out、あるいはfitnessに熱心で、お金をかけてジムに通っている人が多いようです。自分で体型を管理できない人は意志が弱い、したがって経営者には向かない、という厳しい評価をする幹部もいるからです。

I want to thank you for your hard work. と言えば、「皆様のご尽力に感謝致します」ということ。

④ がんばったwork

アメリカでめでたく有名私立大学を卒業した人の話ですが、卒業できる見込みになって就職課に相談に行ったら、「おめでとう、卒業できるようですね」ということで、こう言われました。

After all that **work!**

先に大学生の例を出しておいたので、ここも「これだけ勉強したのだからね」ということでしょう。でも、この場合、「よくがんばったね、おめでとう！」というニュアンスもあります。

訳：あれだけ**努力した**のですからね。

⑤ 解決できるwork out

もうひとつ慣用表現を見てみましょう。**work it out**「**解決する**」ということです。work out「運動する」とは違います。

We will **work it out.**

訳：その問題は解決できさ。

動詞 work

ケース3 名詞としてのwork

workは名詞としても使われます。

The only place that success comes before **work** is in the dictionary.

訳：成功が**労働**の前にくるのは、辞書のなか（の配列）だけだ。

（出所：『政治的に正しいおとぎ話』「アリとキリギリス」より　DHC刊）

ラグビーの日本代表のジェイミー・ジョゼフ・ヘッドコーチはよくhard workという言葉を使いました。**hard work**とは「**集中して取り組むこと**」です。

work together to eliminating povertyとは「貧困を撲滅するために協力する」の意味。丸暗記した「work＝働く」から、「一緒に働く」とやらないように。

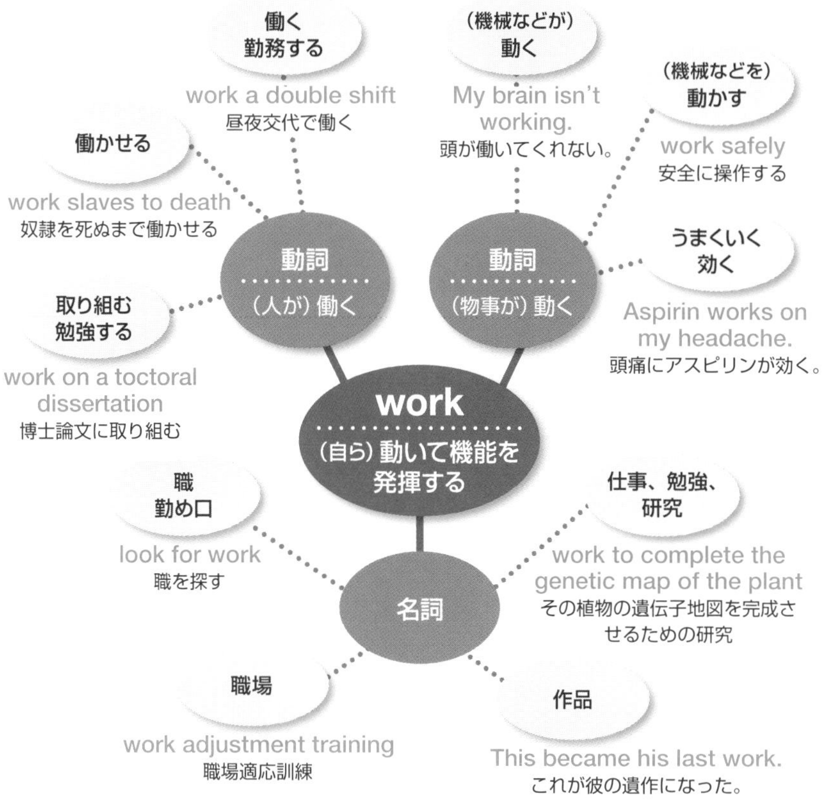

work
(自ら) 動いて機能を発揮する

動詞
(人が) 働く

働く
勤務する
work a double shift
昼夜交代で働く

働かせる
work slaves to death
奴隷を死ぬまで働かせる

取り組む
勉強する
work on a toctoral dissertation
博士論文に取り組む

動詞
(物事が) 動く

(機械などが)
動く
My brain isn't working.
頭が働いてくれない。

(機械などを)
動かす
work safely
安全に操作する

うまくいく
効く
Aspirin works on my headache.
頭痛にアスピリンが効く。

名詞

職
勤め口
look for work
職を探す

仕事、勉強、
研究
work to complete the genetic map of the plant
その植物の遺伝子地図を完成させるための研究

職場
work adjustment training
職場適応訓練

作品
This became his last work.
これが彼の遺作になった。

練習問題 **work** に注意して、次の文の意味を考えてください。

1. All **work** and no play makes Jack a dull boy.
2. **Work** through the problems yourself, and don't try to just copy down the answers.
3. I've seen his fantastic **work**.

(解答は *p*.250)

workerは「ワーカー」とカタカナで表記のときもあるけど実に幅広く使える。factory worker「工場勤務」、farm worker「農業従事者」、office worker「事務員」などなど。

コラム

英語がペラペラになる日

加藤麻子

「何年くらいで英語がペラペラ話せるようになりますか？」生徒からよく聞かれる質問だ。ピアノは、譜面が読めても練習しなければ弾けるようにならない。英語も同じだ。毎日５分のスピーキングの練習が、来月英語を話せるようになる最初の一歩となる。

スマートフォン等の録音機能を使って、自分の What's new?（近況）を日本語で話してみよう。最初は 20 秒で十分だ。次に、同じことを英語で言ってみよう。和文英訳ではなく内容を伝える練習だ。要約でかまわない。文章ひとつかふたつでも大丈夫。最初は、日本語に囚われて語彙が足りないと感じるかもしれない。でも、中学３年までの語彙と文法でたいていのことは英語で言える。発音に気をつけて 120 語 / 分（2 語 / 秒）程度のスピードで fluency（流暢さ）を高めよう。毎日話かけるのがペラペラになる次の一歩だ。

日本語と英語の言葉の入れ替えは単純にできない。英語はそのまま英語として受け入れ、自分が主語の What's new? を作っていくのが「伝わる英語」を話すコツだ。英語で言えない表現があったら辞書で調べ、既に知っている単語を選ぼう。例えば、「ぎりぎりセーフだった」と言いたいときは That was a close call.（間一髪）とか、相手に決めてほしいときは It's your call.（あなた次第です）等、表現力がついてくると俄然楽しくなる。

「自信をもって」話すために必要なのが collocation（相性のよい語と語の組み合わせ）だ。例えば、**catch** the flu（インフルエンザにかかる）、**do** your hair（髪を整える）、**have** a chitchat（おしゃべりを楽しむ）、**wear** makeup（化粧している）等々。中でも get は最初に学びたい守備範囲の広い基本単語。It was so nice to **get** to know you.（知り合いになれてとても嬉しかった）、I **got** it!（わかった！）、I **got** sacked.（クビになった）等々とても豊かな表現ができる。さあ、今日からスマートフォンに話しかけよう。Let's **get** started!

〔加藤麻子：ユニバーサル開発株式会社 代表取締役、イングリッシュ アベニュー代表。コロンビア大学経営学修士（MBA）、日本の英語を考える会理事〕

動詞 work

たくさん work out（運動）して、しっかり work my weight off（体重を徐々に減らす）ことで、すべてうまくいくさ（Everything will work out all right.）。でも overwork（やり過ぎ）に注意！

40 Go! には勇ましいイメージがつきまとう

go

形 名 **動** 副

go のコア

go のコアは「視点が置かれているところから離れていく」。①その場から離れる、②場から進行していく、③ある場に向かっていく、の3つの側面があります。①から「離れる」「なくなる」「衰える」、②から「走る」「動く」「進行する」、③から「行く」「届く」「(悪い状態に) なる」などと意味が展開します。

ケース1 基本的な意味を持つ go の表現

まずは、スポーツの試合のときによく出てくる表現からです。

Go, fight!（闘え！ファイト！）、Go get them!（相手チームをやっつけろ！）、Let's go!（行くぞ！）と go には前向きなイメージがあります。

Going, going, gone!

これは、ホームランが入るとき、野球場のフェンスの向こう側にボールが飛んでいって、視界から消えていく描写で、日本語の実況ではアナウンサーが「打球がのびる、のびる、入りました！」と叫んでいるような場合です。

ケース2 イディオム・慣用表現

① 一度始めたらやりとげる　The show must go on.

どんなに悲しい出来事、たとえば親の死にあったとしても舞台で観客に

go to heaven を「天国に行く」つまり「最高の場所に行く」の意味で使ったつもりが、「天国に召される」つまり「亡くなる」という意味がありますので、使用にはご注意。

夢を与える仕事のエンタテイナーは、舞台での役目を果たします。クイーンの曲名「ショー・マスト・ゴー・オン」にもなっていますね。転じて慣用句で「何か問題があってもやりとげねばならない」「一度始めたらやりとげる」決意を示すことばです。

The show must go on.

訳：何があっても止めることはできない。

② go off the radar

レーダーの視界から消えてしまった場合です。航空機事故を報じるニュースであればこうなります。

The plane went off the radar.

訳：航空機はレーダー（の視界）から消えた。

ビジネスに関わるふたつの話題

① going concern

It is important to keep the business running as a going concern.

訳：企業を経営するには、**継続的な**事業運営が重要です。

ビジネススクールの経営学の授業で、基本としてまず事業を続ける、社会に対して価値を生むには、business running「事業運営」をして利益を出し続けるようでなくてはならないと習いました。

② go out of business

逆にこうなってしまってはとても困るのが **go out of business**（**倒産する**）です。同じく go を使って言えます。どういう状態に「行く」「進む」のかですが、これはこういう状態に陥っては困る例、もっとも周りの状況によりやむを得ないこともあります。

go bad（悪くなる）、go mad（気が狂う）、go rotten（腐る）、go bankrupt（倒産する）などなど、go と結びつく形容詞は悪い状態のものが多いんだね。

Many companies are going out of business due to the pandemic.

訳：パンデミックの影響で多くの企業が**倒産しています**。

① go and get a job

景気がよくなればまた仕事は見つかります。

She will surely go and get a job after the economic recovery.

訳：景気が回復すれば彼女はきっと**職につける**。

② go get married

そのあとどういう行動をとるのか、go get married なら「結婚する」、go have a drink なら「飲み物をとる」、go attend a school なら「学校に出席する」などと、次にくる行動をさして go... という言い方が使えます。

If you love him so much, go get married to him.

訳：彼をそんなに愛しているのであれば、彼と**結婚すべきだ**。

We **went and got** married without telling anyone.（私たちは誰にも言わずに**結婚した**）のように、go and get の形でも用いられる。

ちなみに、GO TO キャンペーンという旅行促進のための事業がありますが、go のあとに必ず to がつくのではない、これは覚えておきましょう。学校にいく、仕事にいく、京都に行く、など具体的な場所（固有名詞）があれば to を伴いますが、GO TO トラベル　あるいは GO TO イートとは言いません。念のため。

go on the campaign trail とは「遊説に出る」。「遊説する」は、canvassing (for votes)、stump など言い方がある。stump は木の切り株に乗って演説したからとか。

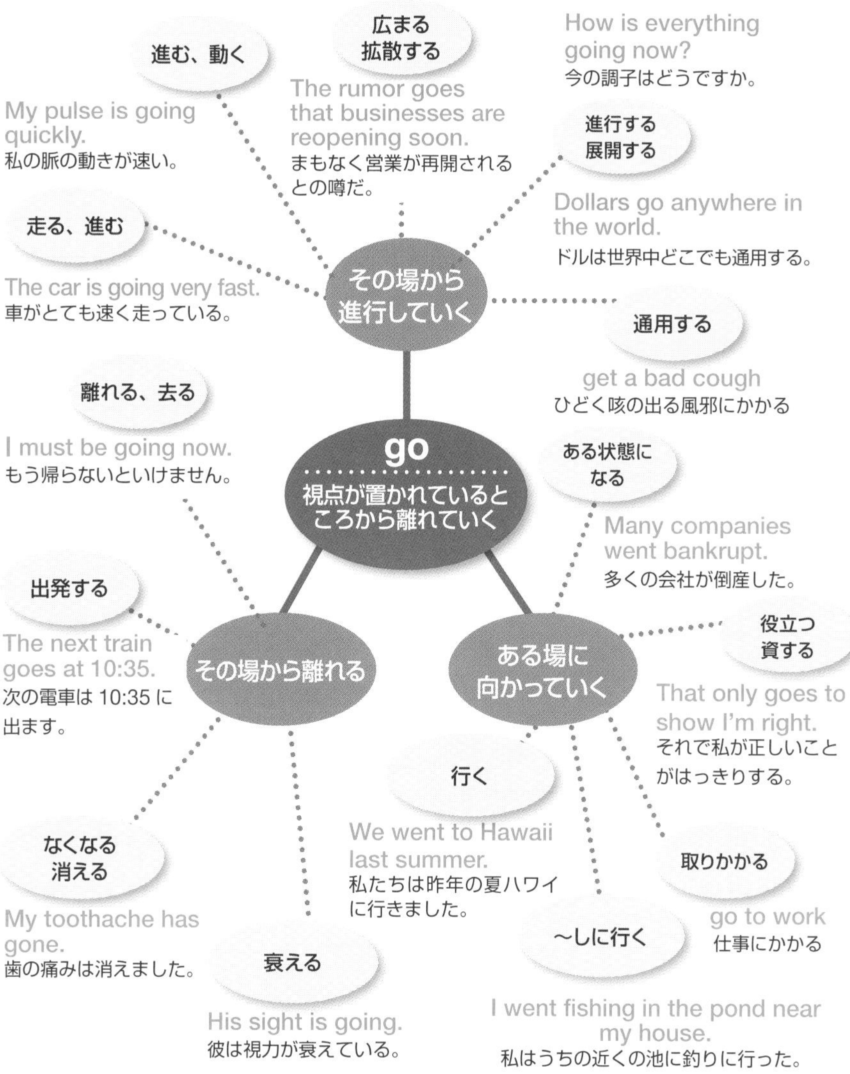

go
視点が置かれているところから離れていく

その場から進行していく

進む、動く
My pulse is going quickly.
私の脈の動きが速い。

広まる 拡散する
The rumor goes that businesses are reopening soon.
まもなく営業が再開されるとの噂だ。

How is everything going now?
今の調子はどうですか。

進行する 展開する
Dollars go anywhere in the world.
ドルは世界中どこでも通用する。

走る、進む
The car is going very fast.
車がとても速く走っている。

通用する
get a bad cough
ひどく咳の出る風邪にかかる

その場から離れる

離れる、去る
I must be going now.
もう帰らないといけません。

出発する
The next train goes at 10:35.
次の電車は 10:35 に出ます。

なくなる 消える
My toothache has gone.
歯の痛みは消えました。

衰える
His sight is going.
彼は視力が衰えている。

ある場に向かっていく

ある状態になる
Many companies went bankrupt.
多くの会社が倒産した。

役立つ 資する
That only goes to show I'm right.
それで私が正しいことがはっきりする。

行く
We went to Hawaii last summer.
私たちは昨年の夏ハワイに行きました。

〜しに行く
I went fishing in the pond near my house.
私はうちの近くの池に釣りに行った。

取りかかる
go to work
仕事にかかる

練習問題 **go** に注意して、次の文の意味を考えてください。

1. He decided to **go** it alone.
2. I felt I had died and **gone** to heaven where I heard the offer.
3. That business proposal will **go** nowhere.

(解答は *p.*250)

ファーストフード店で「店内でお召し上がりですか、それともお持ち帰りですか？」は英語で？ For here or to go? とっても簡単な表現。コロナで to go のお客さんが増えたようだ。

41 朝が来ても break、窓ガラスが割れても break

break

形 **名** **動** 副

break のコア

break のコアは「力を加えることによって本来の形や機能を損じる」、または「連続している状態を断つ」です。

①「(形・機能を) 損じる」から「壊す」「折る」「突破する」「(突然) 外に出す」になります。また、②「(連続している状態を) 断つ」から「中断する」「(約束・法律などを) 破る」「(習慣を) 断つ」「弱める」の意味が出てきます。ちなみに、上記の①②には、それぞれ自動詞もあります。

ケース1 基本的な break の意味

会議通訳のときの現場の話です。同時通訳中でしたが、スピーカーが脇道にそれて話した際の逸話に出てきた文です。

The ball that the boy threw broke the window.

訳：少年の投げたボールで窓が**割れた**。

だれでも、普通にこう訳せると思われるかもしれません。ところが、ブースに入って必死に通訳しているときは、そうは行かないのです。窓やガラスのコップは「割れる」ものなのに、とっさに「窓を壊した」って言ってしまいました。「窓ガラスを割った」なので窓の一部を壊したことに変わりはないですが。意味がわかっていても、時間の制約があるなかで適切な日本語にするのは、難しいものです。

のひとこと

as hopeful as the break of day とはある大統領の演説に出てきた言葉ですが、「夜明けのように希望に満ちている」ですね。

ケース 2　ふたつの break でしゃれ

CNNj の番組の冒頭で、イギリス人の人気キャスター、リチャード・クエストが次のように言ったのだそうです。

In Europe, morning has broken. That's not the only thing. Britain's air traffic control is broken.

通訳の人の話では、キャスター原稿で morning has come だったものを、アドリブで morning has broken に変更したのではないかとのこと。この日、イギリスの航空管制コンピュータの故障（break）で空の便が混乱したのですが、「朝が来た」というフレーズを break を使ってシャレてみせたのですよね。

訳：ヨーロッパでは朝が来ました。話題は朝が**来た**、というだけではありません。イギリスの航空管制が**故障しました**。

ここでは意図的にシャレてみたわけですが、ついでながら、普通にしゃべっていてダジャレになってしまった、と気づいた場合の対処法をご教示しましょう。その際は、No pun intended.（シャレを言ったんじゃないんです）と言えばいいのです。「わざとじゃないんです」という感じです。

例文に戻れば、ふたつの動詞 break を生かしながらシャレて訳すとしたら、どうでしょう。たとえば、「朝がブレークしました。でも、コンピュータもブレーク、壊れたのです」とかでしょうか？　しかし、カタカナ英語で「ブレーク」と言うと、コーヒーブレークのような「休憩」とか、さもなければ「大々的な流行」とかの意味にとられがちなので、どうもうまく行きません。

それで思い出しました。これは、昔から言い習わされている古典的な話で、ある通訳の大先生がまだ駆け出しの頃のエピソードです。講演者がどうにも通訳しようのないジョークを言ったのです。そこでこの先生、「今、スピーカーが訳せないようなジョークを言っています。すみません、皆さん、笑ってください」と言うと、聴衆がみごとに笑ってくれたとか。怪訝な顔をしたのはスピーカーのほうで、「あれ、そんなに面白いジョークを

My voice broke when I was twelve. この break は壊れる？　まさか 12 歳で声がつぶれたら大変。「自分は 12 の時に声変わりした」ってこと。

言ったかな」と。でも、通訳者がスピーカーの話していない内容を通訳音声にしてしまうのは、当然ながら最後の手段です。

そういえばかつてのニュース番組でこういうのがありました。CNN Daybreakという、朝いちばんの番組です。

Dawn is breaking.

訳：夜明けが**やってきた**。

明けていく空、空から陽が昇っていくというニュアンスのときにもbreakを使うのです。

ケース3 breakの意味の広がり

① スキャンダル浮上&戦争勃発

今度は、ニュースからの例です。

When the scandal broke, he realized that his political career was over.

訳：スキャンダルが**浮上し**、彼は政治生命の終わりを悟った。

When the war broke out, the family was forced to leave town.

訳：戦争が**勃発して**、一家は町を出ていかざるを得なかった。

breakはこういうふうに、スキャンダルが浮上した場合や、戦争が勃発した場合にも使えます。

② 断ち切るbreak

次はニュースで聞いた一文です。

He had a difficult time trying to break his drug habit.

このbreakは「習慣を断ち切る」ときにも使います。

「to break the ice用のひとこと」なんていう言い方がありますが、これは「（初対面の全然知らない人と）会話を始めるための」言い方のことです。

訳：彼は麻薬中毒を**断ち切る**のに苦心していた。

麻薬の習慣をやめるのに苦しい思いをしていた、ということです。こういうふうに、長い間続けていること、たとえば文化や伝統などを「きっぱりやめる」というときにも break 使います。

ケース4 break を用いたイディオム

そうかと思うと、意外な使い方をされたことがありました

Break a leg.

これはイディオムで、次のような意味になります。

訳：**ご成功を祈ります。**

私も聞いた途端、すぐには意味がわかりませんでした。私に「足の骨を折れ」と言うはずもないので、辞書を引いてみたら「成功を祈る」という意味のイディオムだと了解しました。

ケース5 名詞の break

① トーク番組で

今日トーク番組を見ていたら、ゲストが困った顔をしてこうつぶやきました。

Give me a break.

さらに鋭い質問を畳みかけられたとき、こうも言ったのです。

I need a break.

両方を訳すと、こうなります。

訳：**勘弁してください。**

訳：**ちょっと待ってください。**

何気なくよく使っている breakfast。これは fast（断食）を break（やめる、断つ）ところからきている。

Give me a break. とトーク番組の司会者にゲストが言っていますが、こういう言葉がゲストから出るというのは、相当に司会者の質問にやり込められている感じです。

次に使われている **I need a break.** は「ひと休みさせてくれ」というニュアンスです。キャスターというのは、鋭い問いを浴びせてゲストにどう答えさせるかが生命線です。そんなキャスターにかかると、ゲストのほうがこう言いたくなるのもよくわかります。

ミニコラム

breakで綴る青春時代

入学し、初めての人たちに「会話のきっかけとなる言葉」(ice-breaker) をどうかけようかと考える。せっかく入った大学だから、「しっかり勉強します」と親に約束したのが「守られなかった約束」(broken promises) とならないよう努力するも、男女別学の出身の人は特に魅力的な異性に心を惹かれて思う人には思われず、「悲嘆に暮れた」(heartbroken) ことも数知れず。つきあう人の範囲も広がって、「夏休み」(summer break) は自由を満喫しているのであっても、「規則を破る」(break a rule) と新聞にまで出る「スキャンダル浮上」(the scandal broke) となるのでご用心。でも、きっと何より、学生時代の悩みは、やりたいことがいっぱいあっても、先立つものがなくって「すっからかん」(I'm broke.) になってしまうことでは。就職活動に入り社会の厳しい現実を知り、卒論を書くのに苦労し「勘弁してよ」(Give me a break.) とぼやきたくなると思うが、「成功を祈ります」(Break a leg!)。

練習問題 **break** に注意して、次の文の意味を考えてください。

1. He was running the risk of **breaking** the company rules.
2. She wanted so much to **break** up with her boyfriend.
3. I don't know what made her so adamant about **breaking** that story at that moment.

(解答は *p.*250)

I broke up with my boyfriend.「彼氏と別れた」。その後、I'm heartbroken. と続けば「失恋した」ですが、heartbroken は「失望」「悲嘆」の意味で恋愛以外でも使います。

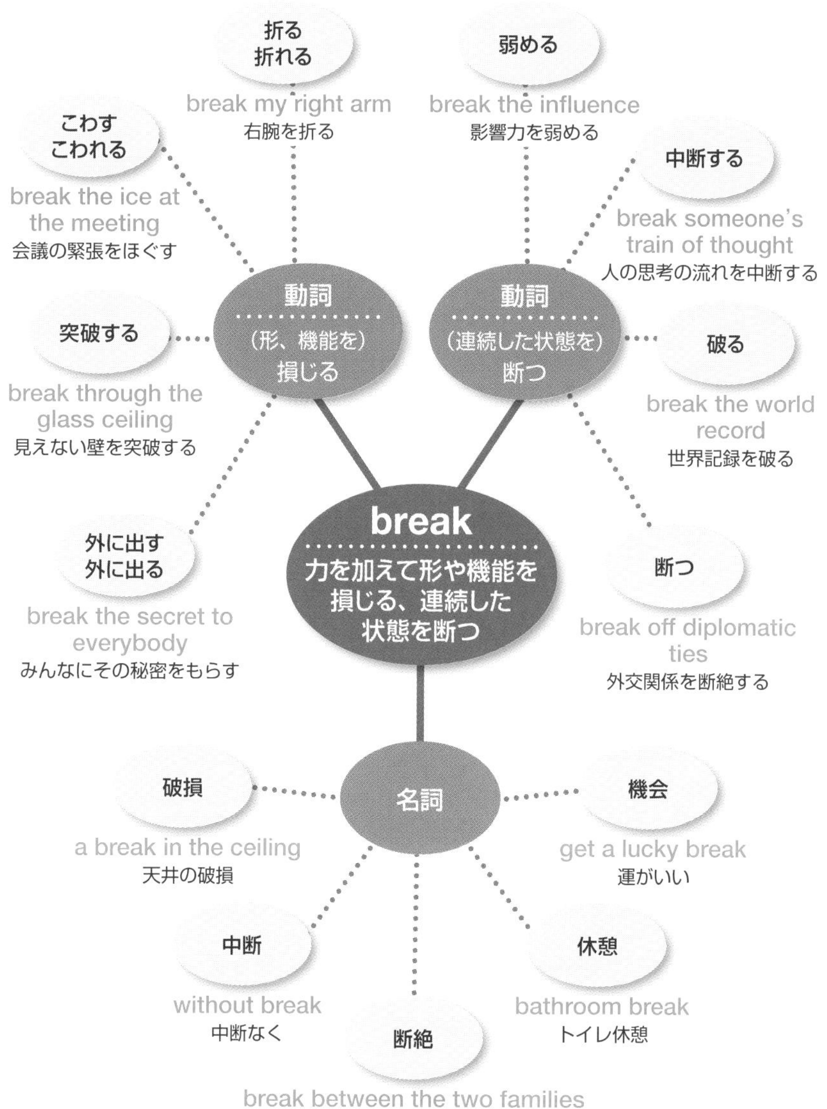

のつぶやき
コロナで最近よく使われるようになったのが、Zoomという遠隔会議システム。breakout roomという少人数に分かれる機能がある。break outは小グループに分かれること。

42 「切ったり」、「さぼったり」、「一歩先を進んだり」と、cut はホントに忙しい

cut

形 **名** **動** 副

cut のコア

cut のコアは「鋭利なもので切る」で、①切る（切り離す）、②切り取る、③切り込む、の 3 つに分かれます。①から「切断する」「切れる」「切り分ける」「止める」「停止する」「さぼる」、②から「短く切る」「短縮する」「切り取る」「削除する」「（経費を）減らす」「（人員を）削減する」、③から「傷つける」「切り開ける」「（彫り・溝を）入れる」などの意味が出てきます。

名詞だと「切ること」「切り傷」「切り口」「切れ目」「切り方」「削減」「削除」などの意味になります。

では応用。cut a class は？――「授業をサボる」、cut a canal は？――「運河を切り開く」、cut a corner は？――「近道する」、cut a deal は？――「協定を結ぶ」「取引する」、cut a figure は？――「人の注意を引く」です。

ケース 1 cut の意味の広がり

① 切り離す

ある大手インターネット関連企業が新規株式公開（IPO）をしたとき、実はこの企業が大儲けをもくろむ投資業界を袖にしたことで、その成功が危ぶまれていたようなのです。

The IPO was a success despite cutting the professional investment community out of the process.

cut と言えば、一般的に haircut のような単語を想像して、はじめに「切

The company said it will cut 3,000 jobs. だと「3000 人雇用引き下げ」ではなく「人員削減」です。

る」という意味を思い浮かべることでしょう。しかし、この場合は「切り離す」という意味で使われています。

訳：プロの投資業界を株式公開手続きから**排除した**にもかかわらず、新規株式公開は成功を収めました。

投資業界は普通、こういうIPOのときこそ、育ててきた企業が巣立つことで大きな儲けを得て、それまでにかけたコストを回収するものなのです。しかし、ここではそれを阻まれたというのでしょう。日本語でも、「縁を切る」という言い方はありますね。

先にhaircutという単語に触れたので、蛇足です。haircutは投資業界では違う意味をもっています。それは「債権回収のときの掛け目」のこと。どの程度まで不良債権を回収できると見るか、その割合のことです。最初ビジネスニュースで出てきたときは、いったい何かと戸惑いましたが、ビジネス英語辞典に出ていました。

② 利下げする

haircutは、日本語になった「カット」というカタカナ語と同じ意味です。

しかし、いつもそうなるとは限りません。同じ経済的な意味合いでも、日本語で違った言い方がありそうなのです。

The FRB decided on a rate cut of another 25 basis points.

ここで言う**rate cut**は、「利下げ」「金利引き下げ」の意味です。

訳：連邦準備制度理事会はさらに25ベーシス・ポイントの**利下げ**を決断した。

経済用語として決まった言い方が定着している場合には、訳出のときにもそれを使うべきです。一般的に「金利カット」とは言わないですから。もちろん意味がわからないわけではないですが……。

ケース2 身近に使う cut

身近に使うcutの例を、いくつか挙げてみましょう。

ある人が指を切った（I cut my finger.）と言いたかったところを、I was cutting my finger. と言ってしまって大笑い。「自ら（指を）切っていた」って意味。

Don’t cut my class. You will regret it.

訳：私の授業を**さぼったら**、あとで後悔しますよ。

cut の代わりに、ここでは skip を使っても同じ意味になります。しかし、次の例では同じにはなりません。念のため、cut と skip を使った例の比較です。

The company cut payments today.

訳：その会社は今日、支払い額を**削減した**。

The company skipped payment today.

訳：その会社は今日、支払いを**実行しなかった**。

授業をさぼって後悔することがないよう、私の授業には積極的に参加してもらいたいものです。以下が、私のモットーです。

During a classroom discussion, you can cut in anytime you like.

訳：授業の討論では、**口をはさみたい**ときにはいつでもどうぞ。

ケース3 慣用表現とイディオム

① cut out

cut out という言い方には、いくつか違った意味があるようです。

He has his work cut out for him.

これは言わば、鋏でチョキチョキと必要な部分を切り出すときのイメージです。たくさんやるべき仕事があるなかから、すでに「切り出し」済みという感じですね。

訳：彼が**次にやるべき**ことは決まっている。

これと同じ言い回しですが、違う意味になる例をアメリカ人との会話で

The young intern cut his teeth in Washington. の cut his teeth とは、さて何でしょう？　ワシントンに来て「頭角を現した」という意味です。

耳にしたことがあります。私があまりにしつこく問いただしたものですから、こう言われてしまいました。

Cut it out, will you?

訳：**もうやめてくれよ。**

勉強熱心もいいけれど、なにごとも過ぎたるはなお及ばざるがごとし。相手の立場を考えて、ほどほどにしないといけません。

② cut... to the bone

また、cut は to the bone と組み合わせて使えそうです。

You should cut expenses to the bone.

この場合は、

訳：無駄な出費は**切り詰める**べきだ。

の意味になります。

ケース4 名詞で使われる cut

さて、cut は動詞だけでなく、名詞で使われる場合があります。こうした単語はたくさんあります。

OPEC agreed to a drastic cut in production.

訳：石油輸出国機構は生産**削減**に同意した。

I had to agree to a cut in my salary.

訳：賃金**カット**に同意せざるを得なかった。

I had to agree to a salary **cut**. とも言えます。

のつぶやき This life is not easy, any way you cut it.「どんな風にやったって、生きていくってのは生半可じゃないわよ」。レイモンド・カーヴァー『大聖堂』村上春樹訳。

次は、授業に関連したことですが、日本語を勉強していた外国人が言った言葉です。

I didn't have enough skills to make the cut.

ここの **make the cut** とは、「**先んじる**」「**差をつける**」という意味です。

訳：一歩**先んじる**ためのスキルを身につけていなかった。

またこの **make the cut** は「**達成した**」「**目標をクリアした**」という意味もあることから、スポーツ用語でもあります。

例えばゴルフの「予選通過」。プロが4日間のラウンドのうち、2日目までの予選を通過して土日の決勝ラウンドに進んだときに使います。

Hideki Matsuyama made the cut in all six starts of PGA tour in 2013 season.

訳：松山英樹選手は、2013年度のPGAツアーに出場した6試合すべてで**予選通過した**。

切り傷とか傷あとのように、cutはネガティブなイメージを持たれやすいですが、その傷の印が努力だったり達成の跡だったりと、前向きな成果、のイメージにもなるのです。

練習問題 **cut に注意して、次の文の意味を考えてください。**

1. She was astounded to learn that the company just announced a 10% **cut** in the salary.
2. His harsh words **cut** her deeply.
3. The noise coming from the next room was so overwhelming that the interpreter had a hard time **cutting** out the noise.

（解答は *p*.250）

technology on the cutting edge は本文で説明した「一歩先を行く」に近い例で「最先端技術」。cutting edge で「最先端」の意味に使います。

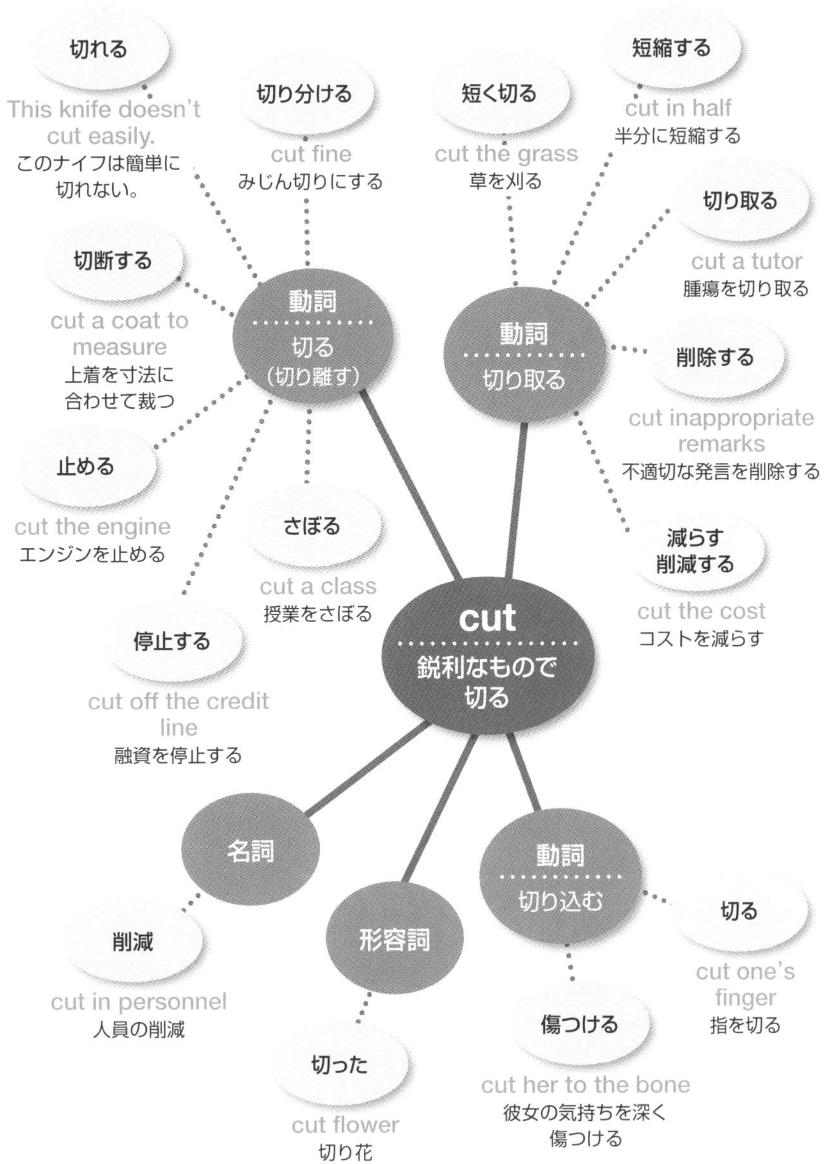

のつぶやき

I'm cut out for the law. だと「自分は法律家に向いている」の意。切り取られ（cut out）て the law 向け（for）だ、というところから。

43 「数を数える」ことに関しては、私に「お任せ」！

count

形 **名** **動** 副

count のコア

count のコアは「数える」で、数えられるものは何かの役に立つ重要性をもっているため、「数に入れる」「重要である」などの意味が出てきます。具体的には「数える」「数に（考慮に）入れる」「見なす（見なされる)」「重要である」などの意味になります。また名詞だと「計算」「総数」の意味です。

ついでに account も見ておきましょう。このコアは「数の計算をすること」で、計算するものは数字だけでなく、出来事や問題なども含まれます。その場合、それが何であるかを計算したかのように示すことから、「説明」の意味になります。そこから「（銀行）預金口座」や「勘定」「勘定書」「会計簿」、また「アカウント」「説明」「報告」などの意味も出てきます。

ケース 1 基本的な count の意味

① 数えません→得点になりません

とってもがっかりした話から始めましょう。白熱したサッカーの試合で、応援しているチームがロスタイムにすばらしいゴールを決めたと思いきや、オフサイドの判定に。審判のコールはこうでした。

I'm sorry, that doesn't count.

訳：残念ですが、いまのは**点になり**ません。

その瞬間。ファンとしてはがっかりで、まさに、ぬか喜びです。チャンスは常にめぐってくるとは限りませんから。

Every vote counts and all the votes will be counted. とは大統領選挙のときのある候補の言葉。「どの票も大切で全部の票が集計されます」。

②「数える」を用いたことわざ

countのそもそもの意味は「数える」です。それを使ったことわざを紹介しましょう。

Don't **count** the chickens before they are hatched.

訳：雛がかえる前に鶏を**数える**な。

③ さらに「あてる」？ それとも「数える」？

これを日本語のことわざに直せば、「捕らぬ狸の皮算用」です。

では、次はどうでしょう、これは「当てにする」なのか、「数える」なのか？

He **is counted** as one of the greatest authors of modern times.

訳：彼は近代の最も偉大な作家のひとり**とされている**。

ここは、「数える」が正解です。

ケース 2 countを用いたイディオム

① count on

でも、次のようなシチュエーションはどうでしょうか？ やはりがっかりでしょう。アメリカの小学校の社会の授業でのこと。先生がクラス全員にある地名を答えさせようとしたのですが、誰も手を挙げません。そこで、私を当てたのです。でも、私も答えられなかったので、先生はこう言ったのです。

Oh, I was **counting on** you!

訳：あら、あなたを**当てにしてい**たのに。

先生の信頼を裏切ったと思って、がっかりした経験です。この**count on**は「**当てにする**」ことです。

反対に、次のように言われたら、本当にうれしいですね。

Individuality counts. ってどんな意味？ 個性がカウントされる。個性が数えられるってことじゃなくて、「個性が重視される」ってことね。

It is very reassuring to know that I have someone like you that I can **count on**.

訳：あなたみたいに**当てに**できる人がいて、本当に安心していられるわ。

また、次のように自信をもって言えたら最高ですね。

You can **count on** me to do a good job.

訳：私に**お任せ**を。必ず立派な仕事をしてみせます。

② count down

年末恒例の「カウントダウン」というカタカナ言葉はみんな知っているでしょう。ロケット発射のときにも「カウントダウン」をしますが、アメリカではフロリダ州のケープ・カナベラルからよくテレビ中継されます。そのときには **Count down** to zero.（発射までのカウントダウン）と言われます。

ケース3 名詞としての count

さて、「数える」を意味する count は、名詞に使うこともあります。

Today, there are as many as 6,000 different languages spoken by over 7.87 billion people around the globe, according to the daily **count** of the United Nations Population Fund for April 14, 2021.

訳：今日の世界では、78億7500万人以上の人が6000以上の言語を話している。
これは2021年4月14日現在の国連人口基金が毎日追っている統計**数値**による。

ケース4 派生語 countless

count から countless という言葉が派生してきます。意味は、「数えられないほどの」です。

Make your vote count. が有権者への呼びかけの言葉。この場合は「票に意味を持たせましょう」。

I've made **countless** mistakes in my life.

訳：私は人生ですでに**数え切れない**ほどの間違いを犯した。

There were **countless** rumors about the crimes he committed.

訳：彼の犯した犯罪については**数え切れない**ほど噂があった。

こんなふうには言われたくないものです。

動詞
count

練習問題 **count** に注意して、次の文の意味を考えてください。

1. I lost **count** of how many pairs of shoes I have in my closet.
2. She can always **count** on her boyfriend to come and pick her up whenever she needs to go out.
3. My mother was **counting** the days to her 50th wedding anniversary.

（解答は *p.*251）

「僕も仲間に入れてよ！」ってのを count を使って英語にしたら？ Count me in!「自分を勘定に入れる、仲間に入れる」ってことね。

44 「見て」「診て」、見たものを「受け取って」

see

形 名 **動** 副

see のコア

see のコアは「目で視野にとらえる」です。「目でとらえる」ところから、「見える」「見る」「傍観する」「見物する」「会う」「経験する」へと意味が展開し、また「目で見るように頭でとらえる」ところから、「理解する」「わかる」「想像する」へと意味が展開します。さらに、「目でとらえて会って経験する」ところから「付き合う」や「専門職の人に見てもらう」という意味にもなっていきます。「了解する」「目の当たりにする」「受け止める」という意味になることも、コアに立ち返れば理解できるでしょう。

ちなみに、look は「視線を向ける」がコアで、視線を向ける場所を特定するために、at、up、back、into、for などの前置詞・副詞をともなって使われます。

ケース1 see（見る）の意味が拡張すれば

著名なエコノミストがテレビでこんな意見を述べていました。日本の国力低下の裏返しのようで、ちょっとショックでしたが……。

I think the currently calm Japan-US economic relationship basically means Tokyo is no longer seen as an economic threat to Washington.

訳：現在、日米経済関係が落ち着いているのは、基本的にアメリカにとって日本がもはや経済上の脅威と**受け止められて**いないからだ。

「見られていないからだ」と訳しても意味は通じますが、この文脈では、

I've seen enough mess already. とは「十分混乱を見た」でもわからなくはないけど、「もうたくさん修羅場を経験した」ということですね。

人間の「見る」という行為が「受け取る」という意味に拡張されているのです。余談ながら、この文章にあるように首都の名前を国名の代わりに使うのは、マスコミの文章ではごく普通のことです。

ケース 2 see の意味の広がり

① 付き合う

see は「見る」以外にもいろいろ意外な意味があります。テレビの対談で、ある男性が妻のことをこう語っていました。

I hadn't seen my wife for a long while. Then I learned that she was seeing another guy.

訳：しばらく妻に**会って**いなかった。そうしているうち、他の男と**付き合っている**のがわかった。

前者の see が「会う」で、後者が「付き合う」です。

② 専門家の助けを受ける

see は「専門職の助けを受ける」ときにも使います。この場合、代わりに look を使うことはできません。

例えば、急に頭が痛くなり、仕事に行く前に医者に駆け込んだとします。そのときの看護師さんの言葉です。

The doctor will see you now.

訳：先生が**診て**くださいますよ。

同じ専門職でも、今度は弁護士です。その際の see は「接見する」でしょう。

I need to see my lawyer.

訳：弁護士に**接見する**必要がある。

社会生活を普通に送ろうとするなら、このふたつの専門職の先生にはお世話にならないほうが幸せだ、という考え方もあります。

口語表現シリーズ。I don't see why not.「まぁいいじゃないか」。See you later.「じゃあ、またね」。I see.「なるほど」。you see「ほら、ね」。

③ 思う

seeはまた、「思う」という意味で使うことができます。

Do you see him as honest? Do you see him as telling the truth?

訳：彼は正直だと**思います**か？　彼が真実を述べていると**思います**か？

④ わかる / 検討する

Yes, I see. / Let me see.

ここは「見る」という意味ではなくて、「わかる」とか、「検討する」という意味でしょう。これを「見る」としたら、おかしなことになります。

訳：はい、**わかります**。／ちょっと**考えてみましょう**。

あるいは、「そうですね」くらいの相槌にも使います。こういう決まり文句もあります。

Long time no see.

訳：**お久しぶりです**。

⑤ 予感がする

seeは「こういう予感がする」と言うときにも使えます。次の例文は、豪雨が続いたあとの山道で、すでに道幅が土砂に埋まっているのに出会ったときの発言です。

I see danger ahead.

このseeは「察知する」という意味です。

訳：この先、危険な**予感がする**。

⑥ 体験する

自分の体験を語るときにseeを使うこともできます。ある有名人が回想録でしみじみと語っていました。

As I see it, the economy is at a condition not seen in 40 years.は「私の見解では経済はこの40年来の好況にある」。seeは「見解」を述べるによく使います。

> I have seen wealth, seen poverty.

これがご本人の実体験だとしたら、以下のようになるでしょう。

訳：私は富も貧しさも**体験した**。

しかし、たとえばこの発言をしたのがリポーターだったら、報道の仕事のときの経験を語っていることになります。

訳：私は富も貧困も**この目で見た**。

ケース3 難易度の高い see の使い方

①「～の状況を確認する」という意味の see to it that...

言い回しとして see to it that...は、「……以下の状況を確認する」という表現として使えます。

> I will see to it that everything will be fine.

訳：すべてが上手く行くことを見届けます。

ここで see は、「見届ける」転じて確認することをさします。たとえば難病にかかって治療が必要なときに担当医師がこう行ってくれたらどんなに心強いでしょうか。

②「～気をつける、配慮する」という意味の see to it that...

次はある会議での発言です。

> I'll see to it that the matter is addressed in the next meeting.

この see は「気をつける」という意味です。

訳：次の会合でこの問題が討議されるよう、私が**責任をもって行います**。

see to it (that...) という言い方で、「(……に) 気をつける」「(……を) 配慮する」と表現することもできます。

つる先生。通訳の前に講演者に訊く。「あなたは今日、ジョークを言いますか？」この発言自体がジョークだとわかってる（see the joke）かなぁ？

先の例は、英語を話すときに応用できそうです。こういう基本的な動詞をうまく使いこなすと、英語の使い手としてはぐっと腕が上がった感じになりますから。

③ 実際に「見る」という動作をする意味ではなく使われる例

会議通訳のときの例を挙げておきましょう。役職を退任することになったある幹部が、最後の会議の席でユーモアを込めてこういう挨拶をしました。日本語にすれば「私がいなくなったら喜ぶ人もいるでしょう」と、やや自虐的に発言したのです。私はそれを、次のように英訳しました。

Some people will be happy to see me go.

これは別に、実際に「見る」動作をしているわけではありません。「いなくなるという事実が起きたら」ということで、先ほどの例と同じ意味で使われています。

訳：私がここを去るのを**確認したら**、喜ぶ人もいるだろうなあ。

Some More Info

「立ち去る」go

ついでに言うと、ちょうど上にあるケース3の③の例文では、see me go と、もうひとつ超基本語の go が使われています。ここは「行く」ではなくて、「立ち去る」「姿を消す」「いなくなる」という意味ですが、それを使ったジョークをひとつ紹介しておきましょう。次の文のどこが面白いのかわかりますか？

Some people will bring happiness wherever they **go**, others will bring happiness whenever they **go**.

訳：行く先々で幸せをもたらす人もいれば、いなくなると幸せをもたらす人もいる。

I'll see to it that the job gets done. は「その仕事が終わるのを見届けましょう」。終わると「確認する」といっても「見ている」とは限らない。

見える、見る

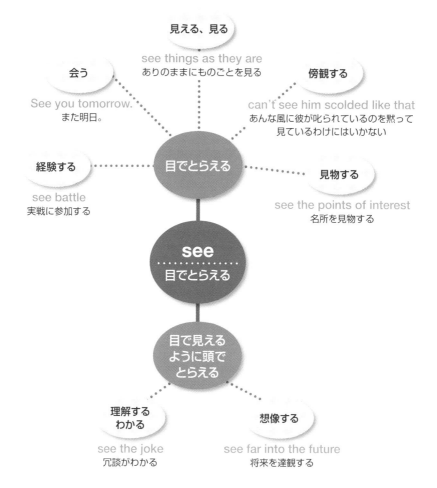

see things as they are
ありのままにものごとを見る

会う

See you tomorrow.
また明日。

傍観する

can't see him scolded like that
あんな風に彼が叱られているのを黙って見ているわけにはいかない

目でとらえる

経験する

see battle
実戦に参加する

見物する

see the points of interest
名所を見物する

see
目でとらえる

目で見えるように頭でとらえる

理解する
わかる

see the joke
冗談がわかる

想像する

see far into the future
将来を達観する

練習問題 **see** や名詞の **sight** はイディオムにも多用されていますが、次の文の意味を考えてください。

1. **Seeing** is believing.
2. Out of **sight**, out of mind.
3. **See** you soon!
4. Can't you **see**?
5. You will **see** that I'm right.

（解答は *p.*251）

see-through dress を着た女性。あんまり行き過ぎていると、頭の中まで see through（見通せる）されてしまうと思うがなぁ。

45 「候補者」は全米を「駆けめぐる」

run

形 **名** **動** 副

run のコア

run のコアは「ある方向に、連続して、(すばやくなめらかに) 動く」です。一般に「走る」の意味を最初に記憶しますが、例えば My nose is running. を「鼻が走っている」としたのでは意味が通じません。しかしコアに照らして考えれば「鼻水が垂れている」という意味であることがすぐわかると思います。

意味の詳細を見ていくと、①「(人が) 走る」、②「(物·液体が) 動く」、③「(物事が) 流れる」、④「(機械などが) 動く」の四つに分類されることがわかります。

他動詞としては、大きく分けて、「走らせる」「動かす」「流す」という意味になります。名詞だと「走ること」「得点」「立候補」「運行」「ちょっと出かけること」「操業」「連続」「連続公演」の意味です。くれぐれも丸暗記しないで、文脈から理解しましょう。

run を使ったイディオム

① run a house / run a company

ビジネススクールに入学したときに新婚だった私は、同級生から「家のこともあってたいへんでしょう」という言葉をかけられました。

I can't imagine going to business school while running a house.

I ran an errand in town.「街中で雑用をすませた」。私の場合はたいてい「走って」すませるけど、必ずしもみな「走る」のではないですね。

ここでいう **run a house** は「**家をしきる、家事をする**」の意味です。

訳：**家のことをしながら**ビジネススクールなんて想像もつかないわ。

確かに 20 代半ばで若かったとは言え、我ながら無謀な挑戦でした。

これに対して run a company といえば「会社をしきる」すなわち経営するという意味です。

run は「立候補」するという意味でも使えます。

run for... で「**立候補して挑戦する**」という意味になります。run for the Senate、あるいは run for the Presidency は、前者が「上院議員に立候補する」、後者が「大統領に立候補する」です。

ここでは「走る」という意味ではないので注意が必要です。

I am going to run on the issue of national security.

立候補者のセリフなので、すぐわかりますね。

訳：国家安全保障の問題をとりあげて**立候補し**たい。

これは **run for office**（……**の職に立候補する**）という言い方もできます。

選挙に関連してもうひとつ、1 回目の投票で票が割れて「**決戦投票**」になると、それは **run-off election** と言います。

② run short of...

こんな run の使い方もありました。

I am running short of time.

時間が残り少なくなったのに気づいたとき、こういう言い方をします。

訳：時間**が残り少ない**。

このほか、車のガソリンが少ないというときにも使います。

のつぶやき
「走る」以外の run ねぇ。running faucet「水が流れている蛇口」。run a fever「熱を出す」。run a film「映画を上映する」。run a farm「農場を経営する」。

③ run through

次の例はちょっと違います。

I ran through my files to check whether I have her letter.

訳：彼女の手紙をもらっているかどうか、ファイルを**確認してみた**。

「さっと書類をめくる」、「ファイルを見る」というときに使う ran through です。

このように、run には（自分が）動いたり（何かが）動的な状態にあったりする、というイメージをも持つことが大切です。「経営する」のもある意味会社を「動かす」ことですからね。

このほか、run に re- をつけると、I watched a rerun of the drama last night.（昨晩、そのドラマの再放送を見ました）のように、番組やドラマなどの）「再放送」の意味になります。放送も run する（させる）のですね！

練習問題 **run に注意して、次の文の意味を考えてください。**

1. On the campaign trail, what matters more is not what they are **running** on, but the charisma or charm of the candidate.
2. She **ran** for the Senate on the issue of social security.
3. I am **running** short of time.

（解答は *p.*251）

run-away inflation という言い方があります。「走り去る」ではなく「天井知らずの」インフレのこと。

run
ある方向に、連続して（すばやくなめらかに）動く

動詞（ものが）動く（ものを）動かす

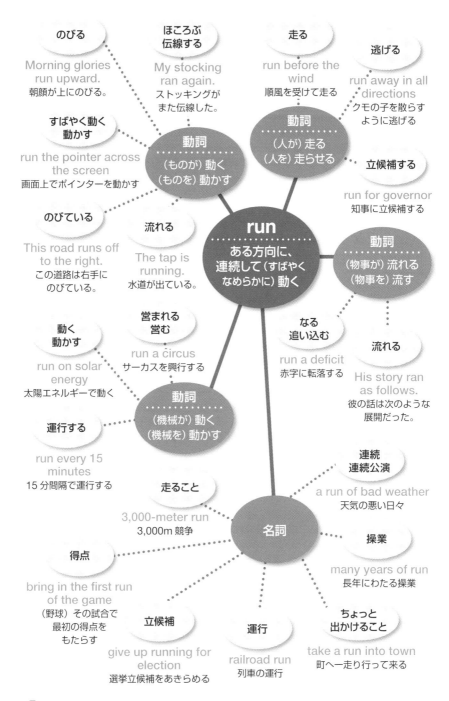

のびる
Morning glories run upward.
朝顔が上にのびる。

ほころぶ 伝線する
My stocking ran again.
ストッキングがまた伝線した。

すばやく動く 動かす
run the pointer across the screen
画面上でポインターを動かす

のびている
This road runs off to the right.
この道路は右手にのびている。

流れる
The tap is running.
水道が出ている。

動詞（人が）走る（人を）走らせる

走る
run before the wind
順風を受けて走る

逃げる
run away in all directions
クモの子を散らすように逃げる

立候補する
run for governor
知事に立候補する

動詞（物事が）流れる（物事を）流す

なる 追い込む
run a deficit
赤字に転落する

流れる
His story ran as follows.
彼の話は次のような展開だった。

動詞（機械が）動く（機械を）動かす

営まれる 営む
run a circus
サーカスを興行する

動く 動かす
run on solar energy
太陽エネルギーで動く

運行する
run every 15 minutes
15 分間隔で運行する

名詞

走ること
3,000-meter run
3,000m 競争

連続 連続公演
a run of bad weather
天気の悪い日々

操業
many years of run
長年にわたる操業

得点
bring in the first run of the game
（野球）その試合で最初の得点をもたらす

立候補
give up running for election
選挙立候補をあきらめる

運行
railroad run
列車の運行

ちょっと出かけること
take a run into town
町へ一走り行って来る

同じ「危険を冒す」でも、take a risk は危険は全部引き受ける、って意味。run a risk は「一か八かやって危険を走らせてみよう」という意味。

46 どこに「立つ」かで意味も変わる！

stand

形 **名** **動** 副

stand のコア

standのコアは「立っている」で、「立ち上がる動き」を表すこともありますが、基本的には「立っている状態」を示します。自動詞で使うことが多く、「立っている」から、①「(人が) 立っている」「(人が) 立ち上がる」「(物・建物が) 立っている」「立候補する」という意味になり、また②「(……の状態・立場に) ある」「態度をとる」「(車・機械などが) 止まっている」という意味にもなります。

他動詞になると「立てかける」「我慢する」、名詞になると「立つこと」「立場」「抵抗」「台」「露店(売店)」「スタンド」です。「我慢する」という意味が少しかけ離れているように見えますが、いやなことにも立ち向かって持ちこたえることから、そうした意味が派生してくるのです。

ケース1 よって立つところ

① Where do you stand? と尋ねられたら？

選挙のときに、候補者がこう訊ねられるのを耳にしたことがあります。人の信条を問うときに使えます。

Where do you **stand**?

選挙という文脈なのであれば、訳文はおのずと次のようになるでしょう。

訳：政策上の信条は？

かなり前のCNNの選挙リポートで、本当におかしくて笑いころげたことがありました。立候補したコメディアンをちゃかしたリポートでした。

万博のシンボルマークをさして、外国人に What does this stand for? と聞かれたときのこと。「何のために立つ？」と思ったでしょうけれど、「何を表す？」の意味ですよ。

まじめ顔で市長選への立候補を表明した彼は、選挙戦に出るにあたり、自分の拠って立つところを聞かれたのです。もちろん、その質問は Where do you stand? でした。ところが、そのコメディアンは、On a solid oak.（しっかりした樫の木の上）と答えたのです。政策上の立場を訊ねたものなのに、答えのちぐはぐさはまさしく爆笑ものでした。

② 拠って立つ

常々思いますが、人として信頼を得るには拠って立つところ、今までの行動が大事です。それは stand を使っていうことができます。いくら口で上手いことを言ったとしても、どんな世界でも結局は実績がものをいいます。

Whether we can trust a person or not depends very much on achievements that person stands on.

訳：ある人物を信頼できるかどうかはその人物の実績に大いにかかっている。

例えば政治家の行う約束です。これからは少数派を大事にしましょう、多様性を尊重するなどと口先では言えたとしても、本当に diversity and inclusion 多様性と包摂性の約束が守られているのかはこういうことですね。

They can only prove they've changed if they have proof to stand on.

訳：本当に変わったかどうかは、実績でもって証明するしかない。

③ *Stand by Me*

stand というと、*Stand by Me* という有名な歌がまず思い浮かびます。この題名の意味は、「自分の支えになって」、あるいは「そばにいて」でしょう。選挙に立候補している人が言えば、「自分を支持してください」にもなります。

ケース 2 名詞としての stand

次のように stand を名詞として使っている場合があるので、ついでに

stand for シリーズ。stand for free trade「自由貿易を擁護する」。stand for mayor「市長に立候補する」。でも bicycle stand は「自転車のスタンド」だよ。

覚えておくといいでしょう。

① take a stand

「態度を示す」という意味での言い回しです。

> Civilians **are taking a stand** against the dictatorship.

訳：独裁者に対して民衆は**きっぱりとした態度を示している**。

これは「立場」を主張しているというよりは、「**きっぱりと態度を示している**」ということです。

② on the stand

「**証言をする**」という意味の表現です。アメリカのニュースで世間が注目する裁判がとりあげられているときには、今日証言台に立った人がどういうことを言ったのか、発言がとりあげられることがあります。

> **On the stand** today, the witness said,"I didn't record the previous conversation. I only recorded what the police told me."

証人は、被告からの電話を録音するよう警察に依頼され、そのテープを証拠として提出したのです。**on the stand** は「**証言台に立つこと**」で、裁判ものではしょっちゅう出てくる言い回しです。

訳：今日、**証言台に上がった**証人は、こう述べてました。「それ以前に会話を録音したわけではありません。警察からの依頼があってはじめて、録音を取ったのです」。

練習問題 **stand** に注意して、次の文の意味を考えてください。

1. I never dreamed that I would be called to the **stand** as a witness.
2. Tell me where you **stand** on the death penalty issue.
3. I don't think you should **stand** in the way of the rule of law.

（解答は *p*.251）

His stand is the reflection of the voters of the state. は「彼の立場は州の有権者を反映している」ということ。ここでは「政治的立場」を示しています。

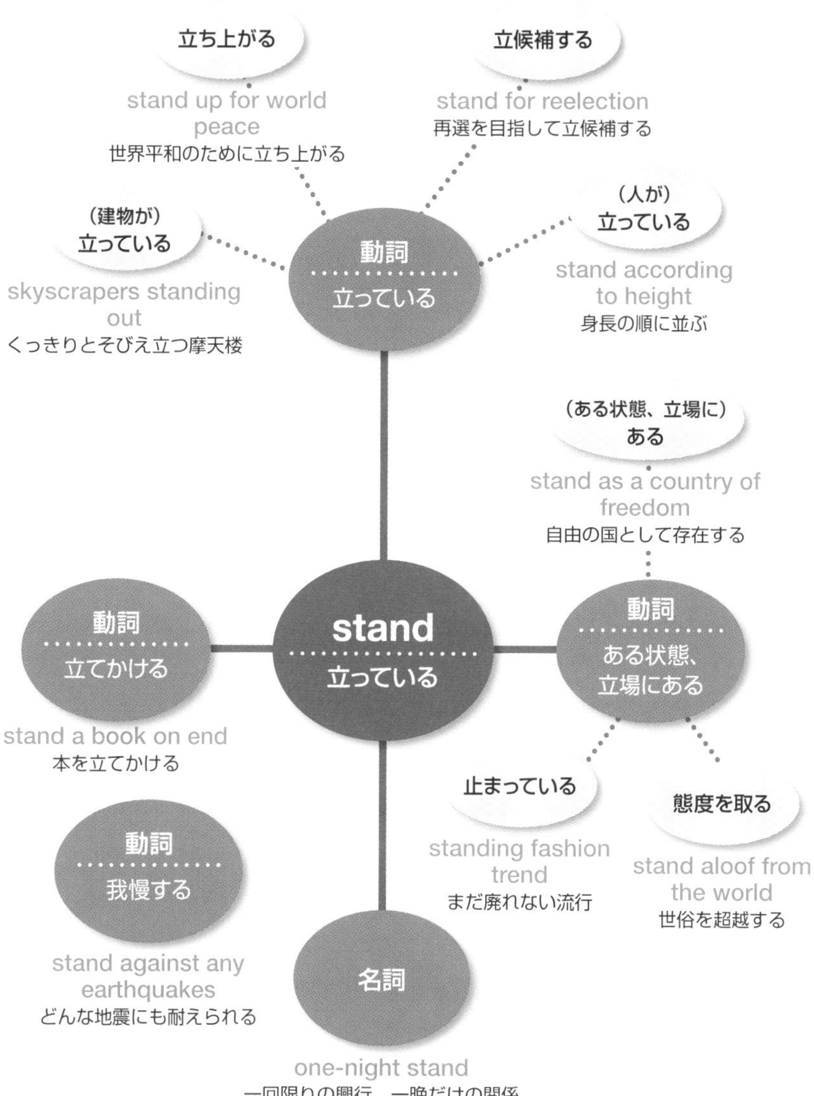

のつぶやき
「日本人は意見を言わない」という意見を言われ続けてきた。Japanese people rarely take a stand on issues.「滅多に意見を言わない」ってこと。

47 「裁判」も、ものは「試し」。やってみなければわからない

try

形 名 動 副

try のコア

tryのコアは「試してやってみる」で、「務める」「試す」「審理する」「裁判する」「試練にさらす」「つらい目に遭わせる」という意味があります。試している状況があらかじめ想定されていれば、「どのぐらいできるか努力する（務める）」「有罪かどうか裁判にかけて審理してみる」「人の腕を試すために試練やつらい目にさらす」という意味にもなります。

では応用。try a caseは？――「事件を審理する」、try to start anewは？――「新しくやり直す」、try a tasteは？――「味見をする」、try conclusionsは？――「雌雄を争う」、try everythingは？――「手を尽くす」、try one's limitsは？――「限界に挑む」です。

ケース1 「やってみる」try

① *Try to Remember*

tryの本来の意味をタイトルにした歌があります。ブラザース・フォーが歌った*Try to Remember*で、そもそもはミュージカル『ファンタスティック』の挿入歌でした。その後、ハリー・ベラフォンテもカバーして有名になりました。いまでも懐かしのスタンダード・ナンバーです。日本語のタイトルは『トライ・トゥ・リメンバー』。歌詞は、Try to remember, the kind of September... と始まるのですが、rememberとSeptemberが脚韻を踏んでいます。

このtry to rememberは「思い出してごらん」くらいの意味で、しみじみと気持ちがこもっています。

妻の浪費癖に辟易していたあるエコノミスト。消費鈍化傾向のニュースを聞き、try saying that to my wife「うちの奥さんに聞かせてやりたい」。

② try another one

寝具の善し悪しが睡眠の質に影響する。これは重要です。さて、寝具メーカーの広告の文を見てみましょう。

> **Let's try our new bed and see if it's stronger than our last one.**

訳：我が社の新しいベッドを**お試し**ください。以前の製品よりも（弾力が）強いかをぜひみてください。

ベッドの寝心地は好みもあるかとは思いますが、熟睡できるためにはマットレスの弾力が強く、適度な硬さがあるのがよいと言われていますね。

③ It doesn't mean you can't try　挑戦を続ける

試験に続けて失敗した人をなんとか励ましたい、このときにかける言葉としての try は？

> **Well, it isn't easy to have failed three times in a row. But it doesn't mean you can't try again.**

訳：続けて３回失敗したらまたやってみるのは簡単ではないでしょう。でも、だから**やってやれないということじゃありません**。

別の励ます言い方ではこうも言えます。

> **Keep on trying and you'll succeed**

訳：**挑戦し**続けることで成功できる。

ケース 2「裁判にかける」try

また、try は以下のようにも使われます。

> **The serial killer was tried on three counts of murder.**

訳：連続殺人犯は３件の殺人容疑で**裁判にかけられた**。

try to open the door は「ドアを開けようとする」。try opening the door は「試しにドアを開けてみる」。to 不定詞と -ing では意味が違うよ。

ケース3 「負担がかかる」try

「とても負担がかかる」という意味に使われることもあります。

Using a computer is tring on my eyes.

訳：パソコンを使うと目が**疲れます**。

残念ながら最近の私もそうですが、だんだん細かい字が見えにくくなってきたということです。

名詞形 trial

tryは「試みる」という意味ばかりではありません。場合によっては、「裁判をする」という意味にもなるのです。tryの名詞形のtrialが、ニュースのなかで次のような文脈で出てきていました。

Lawyers have requested a new trial, arguing that lies told by a witness prevented the defendant from receiving fair treatment.

このtrialは「裁判」です。もっとも、文脈によっては「試し」とか「採用試験」などを指すこともあります。アメリカのニュースで、通訳する際に最も難しいもののひとつが「裁判」関連なのです。

訳:被告側の弁護士は**裁判**やり直しを要請しました。証人のひとりが嘘を述べたため，被告が公平な裁判を受けられなかったからです。

trialには裁判とは別に企業に就職する際に、採用するかを決めるための試験期間を指す場合もあります。

She successfully passed her trial period and was hired by the company.

訳：彼女は無事に**試用**期間を終えて会社に採用されました。

締め切りに遅れる作家から電話で、I tried to be in time.「期限を守ろうと試した」？いや「努力した」けど間に合わなかったのですね。

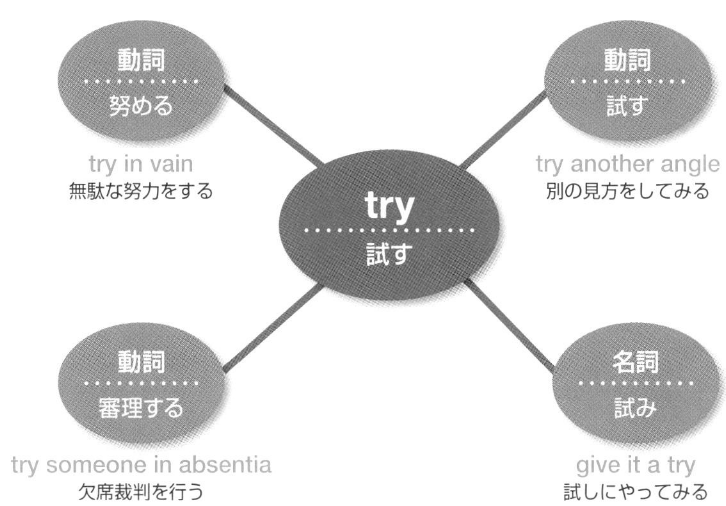

練習問題 **try** に注意して、次の文の意味を考えてください。

1. That was the most **trying** moment in my life.
2. In desperation, she **tried** to get out of the hole again and again.
3. I would like to see him **tried** in court.

（解答は *p*.251）

「しまいには怒りますよ」。我慢にも限度がある、と置きかえて英語にしてみたら？
You are trying my patience. 婉曲な怒り方です。

48 「欲しい」から「そうしてくれる?」までの変身！

want

形 名 動 副

want のコア

want のコアは「(欠けているものが)（必要で）欲しい」です。そこから、動詞では「欲しい」「(人に）用がある」「……したい」「不足する」「必要とする」という意味が出てきます。名詞では、「欲しいもの」「(必要なものの）不足（欠乏)」や「貧困」「窮乏」の意味になります。

では応用。want a change は?——「変革を求める」、want to have a word は?——「一言話したい」、wanted ad は?——「求人広告」、want for nothing は?—— 「不自由なく暮らす」、want of experience は?—— 「経験不足」、want out は?——「抜け出したい、やめたい」です。

ケース1 want から派生した wanted「指名手配」

アメリカの犯罪捜査番組のタイトルで *Wanted* というものがありました。昔の西部劇ならば「お尋ね者」という感じ。ポスターに、懸賞金とともに似顔絵が描かれていたりします。これは、want の「欲する」という意味から派生したものです。

強く求められている代表例としてこういう場合も思い浮かびます。

いちばん根源的な欲求を示す動詞が want でしょう。子どもがお母さんの姿が見えなくなって切実に必要ならI want my mommy. と言いますが、これは直訳すると「ママが欲しい」ですけど、「ママ〜」と泣きながら母親を求めるというイメージです。

対談などで時々あるのは、for a want of a better word「他に適切な言葉が見つからないので」と前置きすること。want は「見当たらない」の意味です。

ケース 2 会話に出てくるわかりにくい want

① あら何でまた？

会話によく出てくる言い方で、どうしてこう表現するのか、ちょっと疑問に思ったものがあります。ごくカジュアルな会話だったのですが、「ビジネススクールに進学したいんだ」と言ったとき、アメリカ人の学生から返ってきた答えが次のようなものでした。

Why do you want to do that?

直訳すれば、「何でそんなことしたいの？」になります。しかし、かしこまって理由をたずねているわけではありません。

訳：あら何でまた？

実は、こういう言い方を会話ではよくするのです。

② やってくれる？

たとえば、隣人がペットの大型犬をせっせと洗っているところに、あなたが通りかかったとしましょう。すると、「ちょうどいいところに来た」と言わんばかりに、こう切り出されるかもしれません。

I'm busy washing my dog now. Hey, would you want to hold the towel out for me?

このwould you want toの部分の発音は、どちらかというとwoodya wannaに近い、かなりカジュアルな言い方になっているはずです。ここは「タオルを広げたいですか？」と、こちらの意向をたずねているわけではないのです。だから「何で僕がそんなことをしたいと思うの？」と聞き返してはいけません。

訳：今、犬を洗うのにとっても忙しいんだ。ちょっとタオルを広げて**手伝ってくれる**かな。

ふたつの例からわかるように、「欲しい」「したい」というニュアンスでたずねているわけではなく、「あれ、何で？」「ごめんね」と、相手の言葉

Necessity is the mother of invention. は「必要は発明の母」。では、Want is the mother of industry. は？「貧困は勤勉の母」。

に反応して、理由をたずねたり、頼みごとをしているということです。日本語だと、前者は「何でなの？」、後者は「やってくれる？」が学生言葉としてはいちばん近いでしょう。

いつも言うことですが、言葉がどういう意味をもつかは、使われている状況によって変わってくるのです。

ケース3 want を名詞で使った慣用表現

名詞の want を使った慣用表現をふたつ見てみましょう。ひとつは、「欠乏している」という意味で使われる want を用いた in want of... で「～が不足して」、もうひとつは for want of a better word で「適切な言い方が見つからないだけど」です。

まず in want of... の用例を見ましょう。新型コロナのワクチンを例にあげます。

Many around the world are in want of the COVID-19 vaccine.

訳：新型コロナウイルスワクチンは世界的に**不足して**いる。

さらに、変異ウイルスのまん延も指摘されるなかで、どの国も必死に確保したい状況という解説さえ聞かれます。

They were worried about, for want of a better word, the competition from other charities.

for want of a better word の want は、ここでは言いたいことについて的確な言葉が「不足」している、つまり「見当たらない」という意味で用いられています。

訳：懸念されたのは慈善事業のあいだでの、**適切な言葉が見あたらないが**「競争」とならないか、であった。

ちなみに、War on Want（貧困への戦い）という団体がありますが、これはロンドンを拠点とする貧困対策チャリティーの組織です。

国連事務総長演説でに、let not our generation be found wanting「この世代が能力に欠けた事態にしたくない」という言葉がありました。。難しいイディオムですね。

動詞
欲しい

want drastic reforms
抜本的改革を望む

動詞
（人に）
用がある

wanted on the telephone
電話がかかっている

動詞
不足する

Her manners want polish.
彼女の態度は洗練されていない。

want
（欠けているものが必要で）欲しい

動詞
〜したい

want to stand out
自己顕示欲が強い

名詞

貧困、窮乏

He lives in want.
彼は暮らしに困っている。

欲しいもの

a man of few wants
欲の少ない人間

不足、欠乏

want of water
水不足

練習問題 **want** に注意して、次の文の意味を考えてください。

1. Hey guys, **want** to go out for a big party after the exams are over?
2. The big poster at the police station shows three **wanted** cult members still at large.
3. I can't thank you enough for what you did for me. For **want** of a better word, you are an angel.

（解答は *p.*251）

wanting は「〜が欠けている」という意味。そこから、without being in want of anything for anything は「何不自由なく」、box wanting for a lid は「蓋のない箱」。

コラム

cut と out と over で広がる表現

松井ゆかり

英語には「超基本単語」を組み合わせただけの言葉が数多くあり、日常的にも頻繁に使用される。その中で子どもや学校生活に関連するものをいくつかご紹介したい。

幼稚園や小学校の入学にあたっては新入生の生年月日の cutoff date が決められている。例えば幼稚園なら “a student must be 5 years old as of October 1, 20XX” のように、いつまでに何歳以上であるという規則が地域ごとに存在する。州により cutoff が 8 月、10 月、12 月等と異なり、全米一律ではない。さらに、地域にもよるが、cutoff 前後の誕生日の子どもについては、就学を 1 年早めるか、遅らせるかの希望を柔軟に認める対応をしている場合もある。

やっと入園できたら、社会性を育まなくてはならない、良い子にしていないと timeout が待っている。幼稚園児くらいの子どもに使われることが多いが、重要な指示に従わないとか、お友だちと派手に喧嘩したりすると、先生に “I will put you in timeout” と宣告される。他の子どもから離れた教室の片隅の椅子などに座らされ、誰とも話せず、先生が OK するまで、自分の行動を反省するのである。自宅でも親に “Timeout!” と言われると、同様にひとりで冷静に反省する羽目になる。

もう少し成長すると、お友だちの家での sleepover は楽しみのひとつだろう、要は「お泊り会」である。pajama party、slumber party などとも呼ばれ、誕生会を兼ねるような場合もある。子どもの頃の sleepover は「やっぱりおうちに帰りたい！」と言い出す子を夜中に送り届けるようなこともあるのだが、ティーンエイジャーになると、騒ぎ過ぎたり、羽目を外して近所に迷惑をかけないかと、親も心配する内容に変化するのである。

〔松井ゆかり：日系企業米国法人財務担当ダイレクター。コロンビア大学経営学修士（MBA）。日本の英語を考える会（NNE）理事〕

副詞編
right
out

49 「正しく」「権利」を主張できますか？

right

形 名 動 副

right のコア

right のコアは「（規範・基準になるものに適っていて）正しい」です（right には「右」という意味もありますが、これは同綴異義語です）。

形容詞だと「（道徳的に）正しい」「（事実に合致していて）正しい」「（判断などにおいて）正しい」「適切な」「好ましい」「好都合な」「体調がよい」という意味があります。

副詞も同じく「（道徳的に）正しく」「（事実に合致して）正しく」「適切に」「まっすぐに」「ちょうど」「すぐに」という意味になります。名詞は「正しいこと」から派生して、「正しさ」「権利」という意味が出てきます。

間投詞の意味にも注意しましょう。人の注意を引いたり、今やっているものとは別の活動に移ったりする場合に Right! と言うことがあります。適切にマスターできましたか？

ケース1 かけ声、受け答え

新聞のコラムで、驚いたことがありました。ある人が冗談めかして、「二重否定は肯定になるけど、二重肯定は否定にはならない」と講演会で話したところ、**Yeah, right.** というヤジを浴びせられたそうです。この場合、right と言っているのは皮肉で、「**そんなはずはない**」という反語的な否定になるそうです。これにはびっくりでした。Yeah, right. についてその後調べたところ、これはヤジだけではなくて口語的な言い方として日常会話でも使われますが、皮肉たっぷりに「とても信じられない」「そんなはずないよね」というニュアンスです。長く英語を使っていても、知らないことに遭遇します。

right out of the oven「オーブンから出たばかりの」と聞いたら、おいしそうで、ついパンを買いたくなりそう。

一方、**Right on!** は肯定で、「**やったね！**」「**その調子！**」と称賛するときに使います。

You did great on your final exam. **Right on!** Keep going!

訳：最終試験、素晴らしいできだったね。いいぞ、**その調子！** がんばれ。

ケース 2 just right

否定・肯定の論議はともかく、right がいろいろに使える言葉だ、というのは確かです。テロ対策についてニュース番組での対談でこういう例がありました。

> **Rep. Blackburn, Tennessee:** You know what is amazing to me is that we go through this process, and we hear people say, we don't have enough information. Then others say, we don't have information at the **right** time.
>
> And it's like the story of the three little bears. They want it just **right** in order to get it. And when there is an alert, when there is a reason, we have been given the information. Congress has come back in from recess to hold the hearing today. And we are making steps in the **right** direction.

この文章には、right が 3 度出てきますが、みな「正しい」と訳したのではうまくいきません。just right 以外は形容詞ですがちょっと訳してみましょう。これは、テロ対策についてニュース番組で登場したテネシー州選出のブラックバーン下院議員（現在は上院議員）が語ったときの言葉です。3 匹の熊はいろいろな場面で使われる例えですので just right と just との組み合わせで覚えておきたいです。

訳：私にとって驚きなのは、こういう状況下にあるのに、十分情報がない、と言う人がいることです。それに、**必要な**ときに情報がない、と言う人もいます。
まるで 3 匹の熊の話のようです。手に入れるためには、まさに**ピッタリ**そのも

権利シリーズ。right to a view「眺望権」、right to a damages claim「損害賠償請求権」、right to die with dignity「尊厳死の権利」。right は「正義・権利」。

のでなくては、と要求しているのです。警報が出ているとき、わけがあるときに、情報は与えられてきました。議会は休みを返上して今日、審問を開いています。**正しい**方向へ歩み始めています。

最初の right は「必要な」、あるいは「適切な」、次は「ぴったりの」「ちょうどいい」でしょう。最後の right は「正しい」としてもいいです。

ちなみに the three little bears（3 匹の熊）は、よく引き合いに出される童話です。3 匹の熊の家に忍び込んだ Goldilocks という女の子が、おかゆを食べ、ベッドで眠ったのです。そのときに選んだのが、熱くもなく冷たくもない、ちょうどいい加減のおかゆであり、堅くもなく柔らかくもない、ちょうどいい具合のベッドでした。

ついでながら、「ピッタリでなくては」のこだわりから生じた、「加熱気味でもなく、減速気味でもない」好調な景気を指す、Goldilocks economy という表現もあります。一緒に覚えておくといいでしょう。

ケース 3 be right & make right

東京オリンピックは当初予定の 2020 年から 1 年遅れで開催されました。オリンピックを目標として英語で案内板を出すなど、外国人を受け入れる体制を整えてきたのが、コロナ渦で無観客になってしまったのは残念でしたが、オリンピックが終わった直後に開催されたのはよかったという台湾の通訳者による指摘を聞いたことがあります。パンデミックのもとでのイベントの開催には論議が伴いました。こういう議論が行われた場面も少なくないと思われます。

It was right to hold the international conference despite the pandemic; the participants made a valuable contribution.

訳：パンデミックのもとでも国際会議を開催したのは**正解でした**。参加者は貴重な貢献をしました。

ここの right は「適切な」「正しい」という意味です。

Do it right now.「すぐにやれよ」と怒られたけど、会話では強調の意味によく right を使いますね。

ときには案内があるいは機械翻訳任せなのか、意味が通じないと、日本在住の外国人からこんな声があがりました。

I welcome having signs in English, but just make sure to make them right by having a native speaker check them.

訳：英語の標識があるのは歓迎ですが、英語母語話者に確かめて正しいと確認をしてください。

どの国においても、オリンピックは国際化を大きく推進する機会になります。英語のみならず多言語表記もこの機会に進みました。

このことはこうも言えますね。

Sports competitions or events involving many countries would be the right time to start multilingual support for overseas visitors.

訳：多国間スポーツ競技やイベントは、海外からの訪問客のために多言語対応を進めるのに**ぴったりの**機会と言えます。

Some More Info

まさにピッタリの right

次のような言い方を思い出しました。成功を収めた女性へのインタビューでよく聞かれる「成功の秘訣は何？」という問いに、次のような答えが返ってきました。

I was in the **right** place at the **right** time.

訳：まさにピッタリの場所に、いいタイミングで居合わせたのです。

実力で成功した女性なのでしょうが、このような答え方は控えめで謙虚、ちょっと好感を持ちました。

right の形容詞としての使い方ですが、この受け答えの文は成功した人の答えとして女性に限らず、よく聞かれます。あわせて覚えておきましょう。

「仰るとおりでございます」は You are absolutely right. のほか、It's just as you say.、Quite so.、Point taken.、そして That's true. などさまざまあるよ。

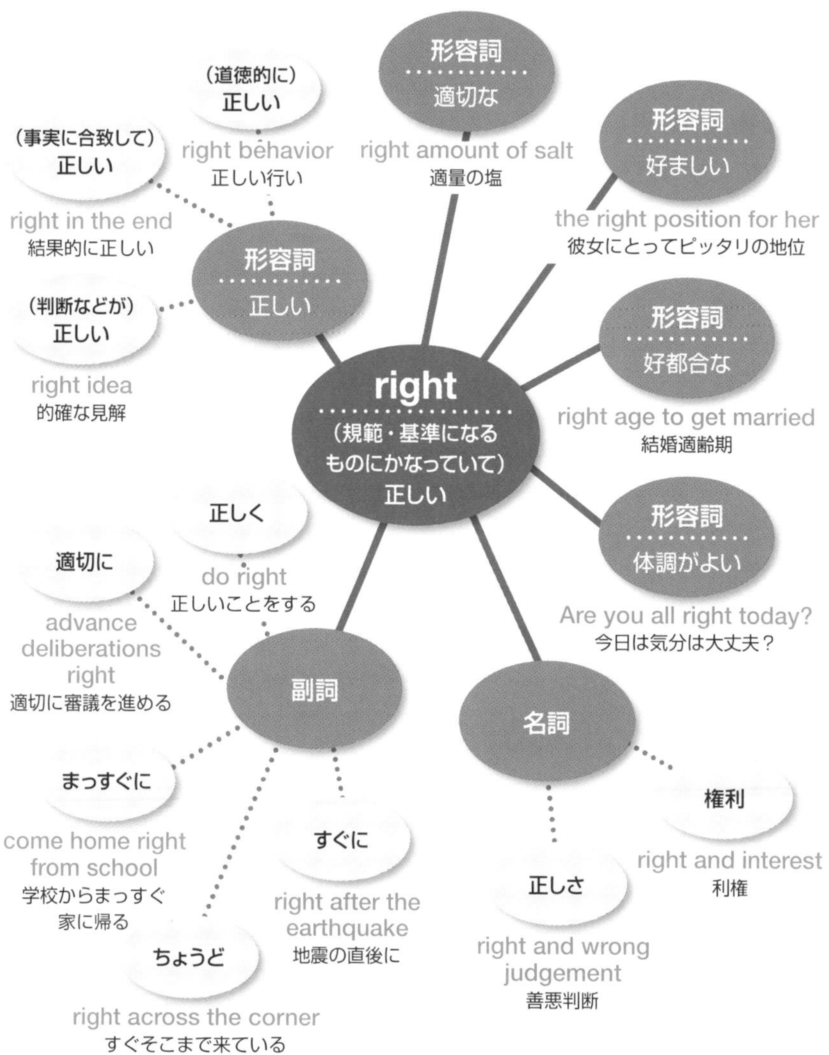

練習問題 **right** に注意して、次の文の意味を考えてください。

1. I went **right** in there to argue with the President.
2. Give me the papers **right** away.
3. His answer to the question was **right** on.

（解答は *p*.251）

コラム

ペアの動物

鶴田知佳子

❶ elephant（ゾウ）と donkey（ロバ）：共和党と民主党のシンボルで、選挙関連のニュースには必ず登場。右向きか左向きか。また体の星の数は統一されているかと思いきや、メディアによってさまざまに違ったデザインがある。

❷ bull（雄牛）と bear（熊）：雄牛と熊は株式市場のシンボル。それぞれ bullish（強気）、bearish（弱気）という形容詞もある。あるアメリカの大手証券会社は雄牛を会社のシンボルマークにしていて、この会社に仕事で行くと、雄牛マーク入りの一時入館証を手渡される。それに社内で出される紙コップもちゃんと雄牛のマーク入り。建物の外壁にも同じマークが入っている。

ほか、似ているけれどもちょっと違うペアをご紹介しよう。

❸ alligator と crocodile：両方ともワニの種類。イディオムで crocodile tears と言ったら、「そら涙」を流すという意味。

❹ hare（野ウサギ）と rabbit（ウサギ）：イソップ童話の「ウサギとカメ」（The Hare and the Tortoise）に登場するのは野ウサギのほう。

❺ turtle（ウミガメ）と tortoise（リクガメ）：イソップの亀はリクガメだが、浦島太郎を連れて竜宮城に行ったのは当然ウミガメだろう。

❻ toad（ヒキガエル）と frog（カエル）：ハリー・ポッターの親友ロンが飼っていたのはヒキガエルのほう。フランス人がカエルを食べるところから、フランス人の蔑称として使われるのは frog。

❼ snake と serpent：いずれもヘビ。ただし serpent は特に大きく有毒な種類をいう。

ちなみに、干支で複数の言い方をする動物がある。goat と sheep は「山羊」と「羊」で全然違うはず。ところが、ある年末のニュースで、「来年は中国の干支で year of the Goat」と伝えていた。放送通訳で、思わず「山羊年」と言いそうになった、という笑い話のような本当の話。

50 「外に出て」「なくなった」と思ったら「現れて」

out

形 名 動 **副**

out のコア

out のコアは「in（中に）との対比で、外に」で、①入れ物の内側に視点があれば「出ていく」、②外側に視点があれば「出てくる」という意味になります。①から「出て」「広がって」「なくなって」「外れて」「最後まで」という意味が、②から「現れ出て」「明らかに」「顕わに」という意味が出てきます。もちろん「外に（で）」「休んで」の意味もあります。

out は、ほぼ万能といってよい副詞で、この本でとりあげているほとんどの基本動詞との組み合わせができます。

ケース 1 動詞＋ out

① be out

カリフォルニア州で、1994 年から「**三振即アウト法**」というものがあるのをご存じでしょうか？　英語では、**three strikes and you're out** と言います。この場合は be 動詞を使っています。さまざまに悲喜劇が繰り広げられる法律です。ともかく罪を 3 つ犯したら刑務所行きが確定ということで、重罪かどうかは関係がないのです。最後の 3 つ目が駐車違反だったのに刑務所行きという、笑えない話もありました。最初に採用したのがワシントン州で 1993 年、次にカリフォルニア州で、その他の州でも広がっていますが，大量投獄の原因にもなるという批判もあります。

再び法律用語です。**The jury is still out.** と聞いたとき、にわかには意味がわかりませんでした。アメリカには陪審制度があり、事件の判断は陪審がするのですが、これは「**陪審の間で評決の不一致があり、答えが出ない**」ということです。評決を出すのが役目の陪審の間で out の状態であ

たとえば高校生の女の子に男の子が Will you go out with me?「僕と出かけてくれますか」と言ったとしたら「デートしてくれますか」という誘いの意味です。

るというのは、陪審の中で合意がまだできていない、という意味になります。ついでながら、次のような言い方も覚えておくといいかもしれません。hung jury は、「無効審理」です。最終的に「意見が一致せずに評決が出せなかった」ということです。

② take out /go out

out という単語は、組み合わされる動詞が take だと、もっとロマンチックな意味になるのです。

トーク番組に登場した男性の話題です。四肢麻痺の女性と教会で出会って惹かれるようになり、デートを申し込んだのですが、車いすの女性と付き合ったことがないし……。

I have never taken anybody out in a wheelchair before.

訳：車いすに乗った女性と**デートする**のは初めてなんです。

これはユーモラスで、かつ感動的なせりふでした。最初のデートはふたりきりになりたかったので、ともかく彼女を車いすから自分の車に移さなければいけないわけです。落とすことなくちゃんと運べるよう、デートの前に重いものを運ぶ練習までしたそうです。当時はまだ、バリア・フリーのインフラが普及していませんでした。でも、練習の甲斐あってか、彼女を無事にレストランまで連れていくことができたと言います。デートは大成功。ふたりは今も一緒に、幸せに暮らしているそうです。

ちなみに **go out** は「**外出する**」、という意味もありますが、「**異性と付き合う**」という意味に使われます。友人同士の会話で、「今誰とつきあっているの？」なんて聞くのにも使えます。

Who are you going out with now?

訳：いま、誰と**付き合っている**の？

デートの話題が出たところで、ちなみに、東京のシンボルのひとつ東京タワーの消灯する瞬間を恋人と一緒に見ると幸せになれるという伝説があるそうです。コロナ禍では早められているものの、通常の消灯時間は 24 時（午前 0 時）です。消灯予定時間近くになるとたくさんのカップルが東

put out a fire は「火を消す」、Flowers come out in spring. は「花は春に咲く」。「消す」は外に出ていくイメージ、「咲く」は外に出て顕わになるイメージ。同じ out でも正反対の意味！

京タワーの下に集まってくるそうです。「消灯する」は次のようにgo outを使って言えます。

The lights on Tokyo Tower usually **go out** at midnight.

訳：東京タワーの灯りは通常は真夜中に**消えます**。

③ be out

もうひとつ、先ほどはライトアップした灯りが消えるのをgo outで紹介しましたが、停電して電気が切れた、というのはbe outを使って言えます。

The power **was out**.

訳：電気が**切れた**。

「ガソリンがなくなった」もoutを使って言えます。

I'm **out** of gas.

訳：ガス欠だ。

これは、「自分が疲れて元気が出ない」、あるいは「運転している車がガス欠になった」の両方が考えられます。

④ play out / work out

世の中、自分の力ではどうにもならないことがあります。例えば、大規模自然災害。地球温暖化が原因だとも言われていますが、大規模自然災害の発生件数が年々増えていて、様子を見るしか仕方がない場合があります。

We must see how things will **play out** after the wildfires.

訳：山火事のあと**どうなるのか**は、様子をみるしかない。

言い回しとして**play out**は、「**ものごとを演じる**」、「**最後まで行動に表すのをみる**」というところから来ています。それに対して**work out**のほうは、「**解決を図ろうと努力をする**」場合に使われます。

We will **work out** a solution.

高校生の女の子はデートの誘いがないとI feel left out.「取り残された気がする」でも土曜のデートに金曜日の晩の誘いなら、誇り高い子は「ふさがっている」と断るのだとか。

訳：解決策を**考えだそう**。

Let's **work out** at a gym.

訳：スポーツジムで**汗を流そう**（ワークアウトしよう）。

また、work out は運動することについて使う場合もありますね。

⑤ move out / left out

移動する動詞との組み合わせの例を見てみましょう。まずは、引っ越しから。引っ越し業者のトラックが止っているのを見ると、moving truck（引っ越しトラック）が来ているので引っ越しだな、とすぐわかりますね。「**引っ越しをする**」は I **am moving out**. です。

「外に出る」という場合、例えば「ネコが家の**外に出る**」というときには、The cat **is out of** the house. と言います。

一緒に出かけるはずだったのに、あらまあ、取り残されちゃった，なんていうことがあっては困りますが！

授業でグループに分けて活動をする、なんていうときは、さっさと手を挙げないと取り残されてしまうなんていうことになります。グズグズしていて取り残されてしまい、あとで I'm sorry you **were left out**.「**置いてきぼりにして**ごめんなさい」なんてことにならないように、グループ分けのときは迅速に動くこと、というのをアメリカの学校で学びました。

鬼瓦のつぶやき（*p*.197）にもありましたが、昨今の遠隔授業では、breakout room（ブレークアウトルーム）というのが Zoom の機能としてはあるので、グループ分けは楽にできるようになりました。breakout とはもともと「脱出する」という意味ですが、派生して「ひとつのことから突出する」、「飛び出る」、「派生する」となります。

練習問題 **out に注意して、次の文の意味を考えてください。**

1. I am never able to get her **out** of my mind.
2. Don't leave her **out** in the dark.
3. She is a strong woman who is never **out** of her senses.

（解答は *p*.251）

out of order は「壊れた」状態、out of business は「廃業した」状態、Out of sight, out of mind. は「視界から消えた」状態だと「心から消えた」状態になる、という意味。

コラム

とっても便利な just
ピッタリ、正確に、際立たせる

鶴田 知佳子

Just という単語を聞いて最初に思い出すのが、私の好きな映画、『マイフェアレディ』の中で、イライザが歌う、"Just you wait, Henry Higgins, just you wait" という歌の出だしの部分です。

「今に見ておれ！」と、この場合 just は wait を強調する副詞です。ロンドンの下町娘のイライザが歌うと、フランス人が H を発音できないのと同じように H が落ちてしまって、「エンリー・イギンズ待ってなさいよ（今に見ておれ)」となるのがおかしくて、厳しい発音矯正に音を上げている彼女の気持ちがよく伝わるように思いました。

いくつか、just の使い方を見てみましょう。

ニュース番組でときどき出てきますが、「今入ったばかりのニュースです」というのは、news just in となります。速報です。

You're just on time. あなたは時間ピッタリね。

ちなみに、放送通訳の仕事をしていると時間は 1 秒単位で気になりますので生中継の場合に on time で進んでくれるとホッとします。

ちなみに、「ジャストフィット」、「身体にピッタリ」という意味で使われているのは和製英語です。「身体にピッタリ」と英語で言いたいときは tight fitting、あるいは close fit です。

「とてもよくお似合いです」と言いたいのであれば、

It fits you just right.

と言えます。

【参考文献】

田中茂範編著『基本動詞の意味論―コアとプロトタイプ』（1987）三友社出版
田中茂範・川出才紀『動詞がわかれば英語がわかる』（1989）（改訂新版、2010）ジャパンタイムズ
田中茂範『認知意味論―英語動詞の多義の構造』（1990）三友社出版
田中茂範・武田修一・川出才紀編『E ゲイト英和辞典』（2003）ベネッセコーポレーション　＊ウェブ版の「Weblio 英和辞典」に再掲されている（https://ejje.weblio.jp/）
田中茂範・佐藤芳明・河原清志『チャンク英文法』（2003）コスモピア
田中茂範・佐藤芳明・河原清志『イメージでわかる単語帳―NHK 新感覚☆キーワードで英会話』（2007）日本放送出版協会
田中茂範『増補改訂版　表現英文法』（2015）コスモピア
田中茂範『改訂新版 英語のパワー基本語 前置詞・句動詞編』（2017）コスモピア
田中茂範『英語のパワー基本語：基本動詞（講義シリーズ 2)』（2011）コスモピア
田中茂範『そうだったのか★英文法（講義シリーズ 1)』（2011）コスモピア
田中茂範『英語の発想と基本語力をイメージで身につける本』（2011）コスモピア

＜通訳事例の情報源＞

CNN、ABC、NBC、CNBC、CBS、PBS、BBC、ITN 各放送局のニュース

コラム

Allって、複数？ 単数？（両方あります）

鶴田知佳子

One size fits all.

「ワンサイズ」

「これさえあれば全員にあてはまる」、そうであれば苦労はしないが、この all、実に便利にいろいろと使える単語である。

One for all, all for one.

「ひとりはみんなのために、みんなはひとりのために」

このフレーズ、チームプレイの精神を表す言葉として知られるが、19 世紀フランスの作家アレクサンドル・デュマの小説『ダルタニャン物語』の『三銃士』にも、三銃士とダルタニャンの友情と結束を示す言葉として un pour tous, tous pour un が登場する。

この one for all... の「all」、単数形か複数形か、と言われればもちろん複数形なのだが、all はいつも複数形というわけではない。

本書の形容詞 lovely（*p.*82）の中で取り上げた『マイ・フェア・レディ』のイライザの歌のセリフ、ここでの all は明快に単数扱いである。

All I want is a room somewhere, far away from the cold night air.

「欲しいのはただひとつ！（寒さをしのげる）どこかの部屋」

「唯一」を強調するために all が使われている。ビートルズの *All you need is love* と同じ使われ方である。

本書からもうひとつ、get（*p.*173）で紹介されている『王様と私』の劇中歌は、

Getting to know you, getting to know all about you, ...

「あなたを知っていく、あなたのすべてを…」と続く。

このallも単数扱いで、everythingとほぼ同義。イギリス婦人とシャムの王様、まったく違う世界のふたりが互いのことを知りたいという願いを込めて歌うもので、ここでのallは、「（あなたの）すべて」の意になる。

複数形のallで私が感動した例も紹介しよう。

2009年1月20日、テレビの同時通訳で担当したバラク・オバマ大統領の就任演説である。就任演説史上最大の群衆を集めたこの演説で、オバマ氏は神から与えられた約束をこう語る。

“all are equal, all are free, and all deserve a chance to pursue their full measure of happiness.”

「すべての人は平等であり、すべての人は自由であり、すべての人は最大限の幸せを追求する機会があるべきです」

ここでのallは、集まった聴衆全員に向けたyouであり、テレビ中継を見ている全世界の人々に向けたyouでもあった（少なくとも私はそう感じた）。

allという言葉は、これ「だけ」を表すときでも、これ「全部」を表すときでも、英語話者にとって何かしら感情的な起伏を呼び起こすものなのかもしれない。

練習問題の解答例

形容詞編

good　訳例（問題は p.28）

1. 何が起きているのか、しっかり把握できている。
2. 母親が家に帰り、幼い娘に「いい子にしていた？」とたずねた。
3. 私、体調がいいわ。毎日ジムに通っているから。
4. 「攻撃の態勢は整っている」と将軍は言った。
5. それ、とってもお似合いね。

bad　訳例（問題は p.33）

1. 彼は大統領に恥をかかせようと（評判を傷つけようと）している。
2. そんなタイトな締め切りだなんて、大変だね。
3. 悲惨な状況がさらに悪化した。

new　訳例（問題は p.38）

1. 新たに派遣された部隊がアフガニスタンに到着した。
2. （会社の新入社員の場合）私は新人です。（よそから引っ越してきたばかりの場合）私は新参者です。
3. 彼はここでは新顔だ。
4. 彼は別の任務についている。

public　訳例（問題は p.43）

1. オバマ元大統領のふたりの娘は衆目を避けてきた。
2. この調査は前回の総選挙以来の世論の動向を示す尺度となる。
3. 今回が、今年ローマ以外の場所ですでに計画されていた法王ヨハネ・パウロ２世にとっての、最後の公式行事だった。

private　訳例（問題は p.48）

1. 妻がほかの男と浮気しているのではないか、との疑いを強く持った男は、調査のために私立探偵を雇った。
2. 首相の諮問委員会が今月末に報告書を出すことになっている。
3. フィンランドの民間セクターが保有する推定 900 億ユーロの富のうち、6 分の 1 ほどのみが株式投資である。

big　訳例（問題は p.54）

1. 訳の可能性はふたつあります。

（1）彼女は人を楽しませることが上手な人として知られている。
あるいは、この女性が名の知れわたった人だった場合、
（2）彼女は大物エンタテイナーだ。

2. ビンゴゲームにようこそ、すてきな商品が待っていますよ。
3. 私にとってあんなに有名な先生にお会いできたなんて、一世一代の日でした。
4. そんなに大げさにしないでくれよ。
5. 君が話しているのを聞くと、さも一大事であるかのように聞こえるね。

little&small　訳例（問題は p.59）

1. この会社が身代金目的にハッキング集団に攻撃されようとしただなんて、まるで知らなかった。
2. 時間通りに仕事を終えられるなんて大したものだ。
3. 正直言って、彼女があんなわずかな額で暮らしていけるなんて思わない。

high&low　訳例（問題は p.65）

1. フィンランドでは他の国と違って高

級製品はあまり売れない。

2. ファーストフードはコレステロール値が高く、カルシウムが少ない。
3. 車のガソリンが残り少なくなってきた。
4. 彼女は才能豊かな女性なのに、ことさらひけらかさないことが人気の理由のひとつだ。
5. かつて大企業だったあの会社はいまでは規模の小さいメーカーになりさがっている。
6. 低いコストで開発中の高級製品がたくさんあるのに、安い輸入品がどうやって競争力を持てるのかはわからない。
7. この国以上に人口あたりの軍人の割合が多い国はほかにない。(高い、ではないことに注意)

long&short 訳例(問題は p.71)

1. 地震学者はカリフォルニア州での地震を予知しようとしていたが、なにごとも起きなかった。地震予測モデルに不備があったのだ。
2. 学期末レポートの締め切りはとうに過ぎている。

safe 訳例(問題は p.74)

1. テロリストは逮捕されるまで隠し部屋に潜んでいた .
2. 彼は試合で勝利間違いなしと言われている。
3. 初めて会うような人と話すときには、天気など無難な話題でやりとりしたほうがよい。

young 訳例(問題は p.77)

1. まだ宵の口です。
2. 南スーダンはまだ民主主義の緒についたばかりだ。
3. あまりに子どもじみた考えだ。

sweet 訳例(問題は p.81)

1. 彼は甘いもの好きだ。
2. 香水の甘い香りが部屋に満ちた。
3. 甘い愛の言葉が彼女の心をとろけさせた。

lovely 訳例(問題は p.86)

1. こういう素敵な朝にはお散歩が似合う。
2. 学校占拠事件のとき、親は子どもたちに呼びかけた。
3. 国民に深く敬愛されていた大統領の死はたいへん残念だと受け止められた。

free 訳例(問題は p.92)

1. 今週末、私と一緒に映画を見に行けるような暇な時間はありますか。
2. 飼い犬が落ちた溝からようやく救出されたのを見て、彼女は本当にうれしかった。
3. その政治家は、自分の国への人や物の自由な移動を確保することが、経済の発展につながると確信していた。

名詞編

president 訳例（問題は *p*.95）

1. 議長、ご紹介ありがとうございます。
2. ブッシュ大統領は電話でプーチン大統領と会談した。
3. 私はダンス部の部長になった。

security 訳例（問題は *p*.98）

1. 監視カメラがあるのに、あの店からお金を盗みおおせたなんて信じられない。
2. ライナスは自分の気持ちが落ち着く毛布をいつも持っている。
3. 身の安全を考えて、自分の身は自分で守らねば。

interest 訳例（問題は *p*.101）

1. 本学にご関心をお持ちいただきありがとうございます。
2. 学債には利子がつきます。
3. この件は本学の重大関心事だ。

reason 訳例（問題は *p*.103）

1. もうここを出て行くべきだ、と理性が彼に告げていた。
2. どんな理由があろうともそんなことはできないわ。
3. 彼女がこんな奇妙な行動をとったのには、何か訳があるにちがいない。

sense 訳例（問題は *p*.108）

1. 大統領はいつもいかに自分に確信があるかを述べています。ですが、常に確信がありながら、たびたび間違っているなんてあり得ません。それは理屈に合いません。
2. テロリストがいる場所にこそ、部隊を再配備するべきだ。それこそ理に適っている。
3. 熱帯暴風雨並みの勢力の風が吹いているところに外出しようだなんて、どうかしているとしか思えない。

eye 訳例（問題は *p*.113）

1. 「目には目を、歯には歯を」というのはハムラビ法典の中の有名な一節だ。
2. 広報エージェントは目をひくような宣伝文句を考え出した。
3. 彼女は本当にすてきな人ですが、その素晴らしい点はただうわべだけのことではないんです。

hand 訳例（問題は *p*.117）

1. 彼はとても忙しかったので、私は彼に手を貸すことにした。
2. 彼女は今あまりにもたくさんのことを抱え込んでいる。
3. 与えられた条件（カードゲームになぞらえてもともと配られた札）では君にはそれが精一杯だ。

thing 訳例（問題は *p*.121）

1. そんなに大ごとにしないでくれよ。
2. 職場で状況が落ち着いてきていることを確認したい。
3. それで、次の大型新製品をどう思う？

way 訳例（問題は *p*.124）

1. 君のことが大好きだ。
2. あんな高い店に行って本当に無理した。
3. 意志あるところ道あり。

end 訳例（問題は p.128）

1. 新婚時代はともかく貧乏で生活がやっとでした。
2. 彼の目的は有名になりたいその一心だった。
3. おカネの切れ目が恋のはじまり。

call 訳例（問題は p.131）

1. 接戦すぎてどちらの勝ちかまだ判定できない。
2. 選手のストのよびかけは野球ファンの心に響いた。
3. 私は、彼の電話には出ない。

control 訳例（問題は p.134）

1. 茫然自失状態でどうしていいか、わからない。
2. 国王は町を占拠するよう兵に命じた。
3. 彼女は息子を抑えられなくなっていた。

life 訳例（問題は p.139）

1. このハリケーンがいつまで続くのかは温かい洋上にどの程度とどまっているかによって決まる。
2. コリン・パウエルの人生は多くの人に感動を与えた。

line 訳例（問題は p.143）

1. 彼をなんとか電話でつかまえようと必死だった。
2. 国境線は水際で麻薬を防ぐための最後の防衛線です。
3. こんなちっぽけなことのために信用を危険にさらしはしない。

time 訳例（問題は p.145）

1. 彼女は刑期を勤めている。
2. そろそろ君は大人になってもよいころだ。
3. 私が生きている間に、月に人が行くことはないだろうと思っていた（が実際には行った）。

paper 訳例（問題は p.149）

1. 書類を全部持ってくるのをお忘れなく。
2. 期末リポートの締め切りは 10 月 30 日です。
3. ヘマを繰り返したため、信用は地に落ちた。

care 訳例（問題は p.152）

1. 自分の子どもが重い病気にかかったとき、彼には費用はまったく問題にならなかった。いかにして最高の治療を受けるかが重要だった。
2. 彼女は COVID-19 のため集中治療室（ICU）に入院した。
3. 私の母は、私が成長する過程で、あらゆる愛情と注意を注いでくれた。

動詞編

take 訳例（問題は p.160）

1. 誤解しないでください。
2. 今度の試験は持ち帰って行う形式とします。（注：自宅で回答する試験で参考資料を用いてよく、時間制限もない。）
3. 大統領は新たなテロの脅威があるという報告を真剣に受け止めていると言った。

make 訳例（問題は p.170）

1. 彼女は彼を愛していることを隠そうとしなかった。
2. 会社社長は取引相手を買収する根拠を示した。
（会社社長は取引相手買収の主張をした）
3. 彼があれほど有能であるというのは驚くべきことで、何だって実現できるように思える。
4. あと数分後に首相が重要な発表を行います。
5. 彼女があんなに些細なことで大騒ぎをするのは実に異例だと思った。

get 訳例（問題は p.176）

1. 君はこの話が決着するのを見ずに終わるだろう。
2. どうやって彼女が試験を乗り切れたのか、私にはわからなかった。
3. 当時は朝ごく早くから仕事に行くのがあたりまえだった。

hold 訳例（問題は p.181）

1. 私がパーティに行くというのを止めないで。このパーティ、ほんと、楽しみにしていたんだから。
2. 残念ながら、テロ攻撃があったためすでに予定されていた大統領の国賓としての訪問は延期された。
3. 彼が約束を果たすのを渋っているとは思わないわ。

work 訳例（問題は p.186）

1. 勉強してばかりで遊ぶことをしないと、つまらない人間になってしまう。
2. ただ答えを写そうとするのでなく問題は自分で解きなさい。
3. 彼のすばらしい作品を見ました。

go 訳例（問題は p.191）

1. 彼は単独で行動することを決意した。
2. その申し出を受けて私は天にも昇る心地だった。
3. その事業計画はどうにもならない（実行可能でない）。

break 訳例（問題は p.196）

1. 彼は会社の規則を破るリスクを冒している。
2. 彼女はボーイフレンドと別れたいと強く願っていた。
3. 何で彼女があの時点でその話を暴露したいと強く思ったのかはわからない。

cut 訳例（問題は p.202）

1. 会社がつい先ほど給与の一律 10% カットを発表、と聞いて彼女は衝撃を受けた。
2. 彼の厳しい言葉は彼女の心を深く傷つけた。
3. 隣の部屋の騒音があまりにもすさま

じいので、通訳者はノイズが入らないようにするのに苦心していた。

count 訳例（問題は *p*.207）

1. いったい靴箱に何足靴を持っているのか、わからなくなってしまった。
2. 外出の必要があるときには必ずボーイフレンドが迎えにきてくれる、と彼女はいつだって当てにできる。
3. 母は金婚式まで残り何日か、楽しみに指折り数えていた。

see 訳例（問題は *p*.213）

1. 百聞は一見にしかず。
2. 去る者日々に疎し。
3. またすぐに会いましょう。
4. わからないの？
5. 私が正しいって、じきに思い知るわ。

run 訳例（問題は *p*.216）

1. 選挙戦で問題になるのは、立候補している政策課題よりも候補者のカリスマ性や魅力である。
2. 彼女は社会保障問題を掲げて上院議員選挙に立候補した。
3. もう時間がない。

stand 訳例（問題は *p*.220）

1. 裁判で証人として出頭するように要請されるなんて夢にも思わなかった。
2. 死刑の是非についての君の立場を聞かせてくれ。
3. 法の支配にのっとった行動を妨害すべきではない。

try 訳例（問題は *p*.225）

1. そのときが私の人生で最も大きな試練の瞬間でした。
2. 絶望のなかで、彼女は穴からの脱出を何度も何度も試みた。
3. 彼が裁判にかけられることを望む。

want 訳例（問題は *p*.229）

1. （学生同士で）おーい、試験が終わったらおおいに騒ごうぜ！
2. 警察署には、いまだに行方がわからないカルト集団の指名手配犯 3 人の大きなポスターが貼ってある。
3. ご親切に、どう感謝していいかわかりません。何と申し上げたらよろしいでしょうか、まるで天使のような方ですね。

副詞編

right 訳例（問題は *p*.236）

1. 大統領と議論しようと、私はただちにその場へ向かった。
2. 私にすぐ書類をください。
3. その質問に対する彼の答えは、まさに正しかった。

out 訳例（問題は *p*.241）

1. 彼女のことを頭のなかなら追い出せない。
2. 彼女を暗がりのなかに置いていかないで。
3. 彼女は決して良識を失わない強い女性だ。

英語感覚をブラッシュアップするための表現リスト

本文を中心に紹介した覚えておきたい表現をリストしました。アルファベット順ではなく、出現順になっています。表現を見て意味がわからない場合には、ページを参考に元に戻って確認をしてみてください。

形容詞編

名詞編

動詞編

副詞編

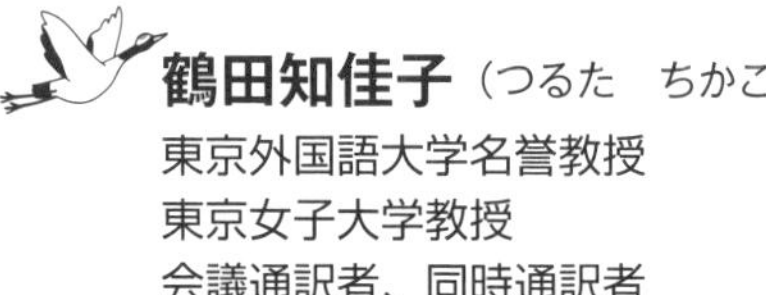
鶴田知佳子（つるた　ちかこ）
東京外国語大学名誉教授
東京女子大学教授
会議通訳者、同時通訳者

河原清志（かわはら　きよし）
拓殖大学教授

ここまで使える！
超基本英単語 50

2021年12月1日　第1版第1刷発行

鶴田知佳子・河原清志　共著

編集協力：熊沢敏之
装丁：松本田鶴子

英文校正：Sean McGee

発行人：坂本由子
発行所：コスモピア株式会社
〒151-0053　東京都渋谷区代々木4-36-4　MCビル2F
営業部：TEL: 03-5302-8378　email: mas@cosmopier.com
編集部：TEL: 03-5302-8379　email: editorial@cosmopier.com

https://www.cosmopier.com/（コスモピア公式ホームページ）
https://e-st.cosmopier.com/（コスモピアeステーション）
https://ebc.cosmopier.com/（子ども英語ブッククラブ）

印刷：シナノ印刷株式会社

本書へのご意見・ご感想をお聞かせください。

本書をお買い上げいただき、誠にありがとうございます。

今後の出版の参考にさせていただきたいので、ぜひ、ご意見・ご感想をお聞かせください。（PC またはスマートフォンで下記のアンケートフォームよりお願いいたします）

アンケートにご協力いただいた方の中から抽選で毎月 10 名の方に、コスモピア・オンラインショップ（https://www.cosmopier.net/）でお使いいただける 500 円のクーポンを差し上げます。（当選メールをもって発表にかえさせていただきます）

https://forms.gle/JUgLQbkZXk8GNJn38

（まずは 無料会員から）

無料会員登録をすると「読み放題」・「聞き放題」コースのコンテンツを下記の条件でご利用いただけます。

★読み放題コース：Chapter 1 コンテンツを毎月 3 本まで
　聞き放題コース：毎月 5 コンテンツまで

「読み放題＋聞き放題セット」コース（月額 990 円）もあります。

英語多聴ライブラリ 聞き放題コース 毎月 550 円（税込）

さまざまなジャンルの英語音声 約 3000* コンテンツが聞き放題！

「英語聞き放題」コースの学習の中心は「シャドーイング」です。ニュースや映画スターのインタビュー、会話のスキット、TOEIC 用教材などさまざまなジャンルの音声を教材に、自分で声を出すトレーニングを行うことで、リスニング力、スピーキング力向上につながります。

特徴

- レッスンの中心はシャドーイング（リスニング ＆ スピーキング力アップに効果あり）
- 厳選されたオリジナル教材多数
- 聞いた語数は自動でカウント
- 自分のシャドーイング音声を録音できる
- どんどん増えるコンテンツ（最新ニュースや動画付き学習素材、『多聴多読マガジン』のコンテンツなど）

検索画面イメージ。リアルタイムのニュースを英語で読むことができます。

トレーニング画面のイメージ。各コンテンツには、スクリプト、語注、訳がついています。

シャドーイング画面では、スクリプトは表示されません。モデル音声だけを頼りに、まねをしてみましょう。

ひとつの素材でこれだけトレーニングできる！

- **リスニング** ＊動画付きコンテンツもあり
- **意味チェック** ＊スクリプト、語注、訳
- **聞き読み** ＊内容を理解しながら黙読
- **パラレル・リーディング** ＊テキストを見ながら声に出す
- **シャドーイング** ＊音声の後について声に出す